Jürgen Lankers URLAUB im NORDEN

Jürgen Lankers

URLAUB im NORDEN

mit Auto · Wohnwagen · Boot nach

S
K
A
N
D
I
N
A
V
I
E
N

RBV Reisebuchverlag GmbH · Mönchengladbach

Fotos: Verfasser
Kohlezeichnungen: B. Lankers

Seekarten mit freundlicher Genehmigung
des Deutschen Hydrographischen Instituts

ISBN 3 88125 001 8

405 Mönchengladbach, Postfach 517

Gesamtherstellung: Weiß & Zimmer AG, Mönchengladbach
Printed in W.-Germany

Vorwort

Dieses Buch wurde für alle diejenigen geschrieben, die sich für Skandinavien interessieren. Es bietet eine gelungene Mischung aus Unterhaltung und Information.
So finden Sie hier Erlebnisse des Autors, die Ihnen ein Schmunzeln, wenn nicht gar ein schadenfrohes Lachen entlocken werden. Aber auch präzise Antworten gerade auf die Fragen, die Sie im Hinblick auf den eigenen Urlaub haben. Spezielle im eigentlichen Text, mehr allgemeinere im Kapitel „Tips und Informationen". Nur werden die Ihnen nicht trocken-lexikonhaft, sondern lesenswert serviert.
Bedenken Sie aber, daß alle variablen Angaben (z. B. die angegebenen Preise) Veränderungen unterworfen sind.
Doch nun viel Spaß bei der Lektüre dieses Buches, das Sie so schnell nicht aus der Hand legen werden!

Der Verlag

Inhaltsverzeichnis

Auf der Vogelfluglinie 7
Kurs zu den Schären 19
Norwegen – ein Erlebnis 33
Dem Polarkreis entgegen 69
Die „Blaue Straße“ 83
Im Land der 60 000 Seen 95
Quer durch Schweden 117
An Jütlands Stränden 131
Tips und Informationen 149
Checkliste 154
Skandinavien – für wen? 156

Auf der Vogelfluglinie

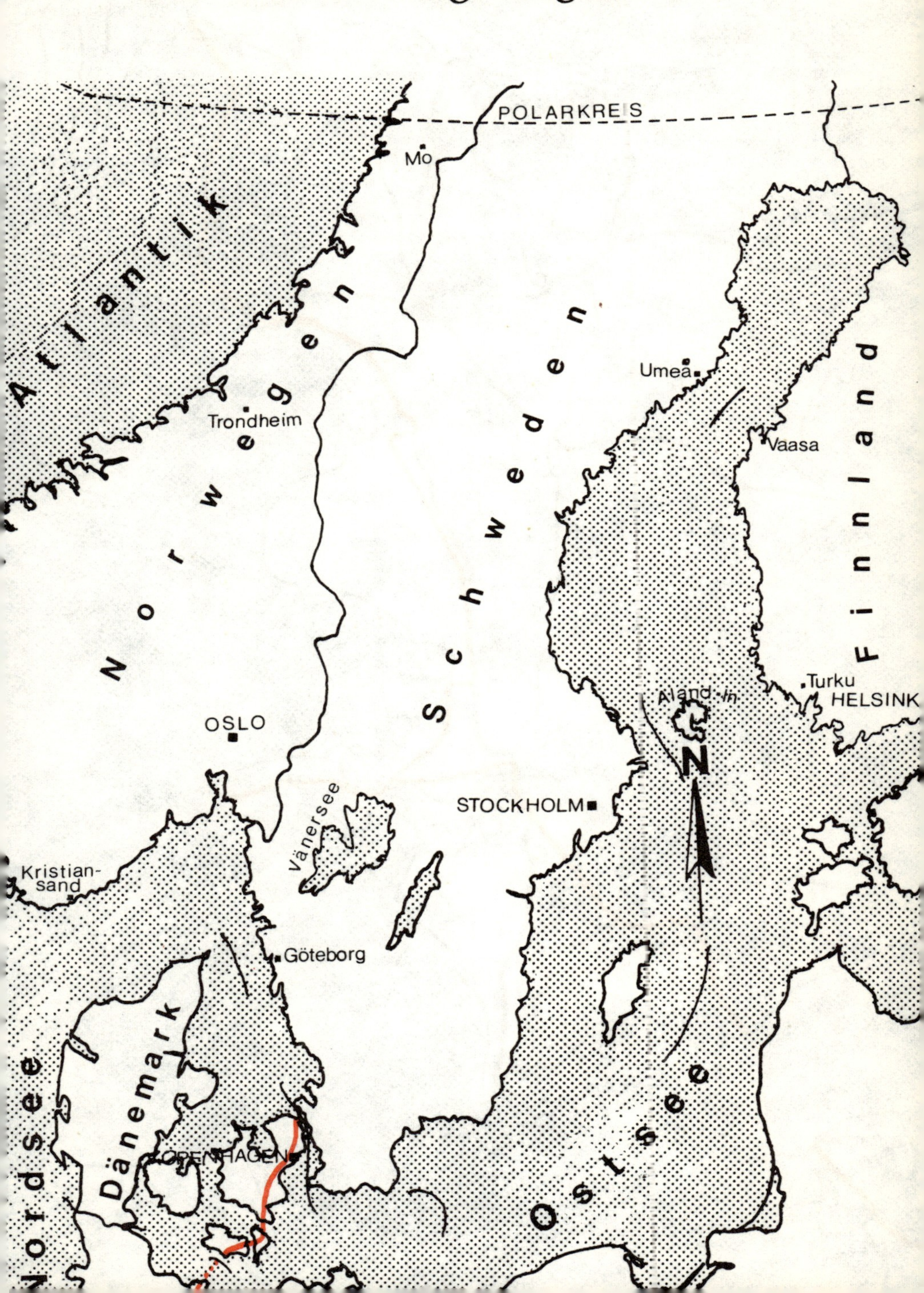

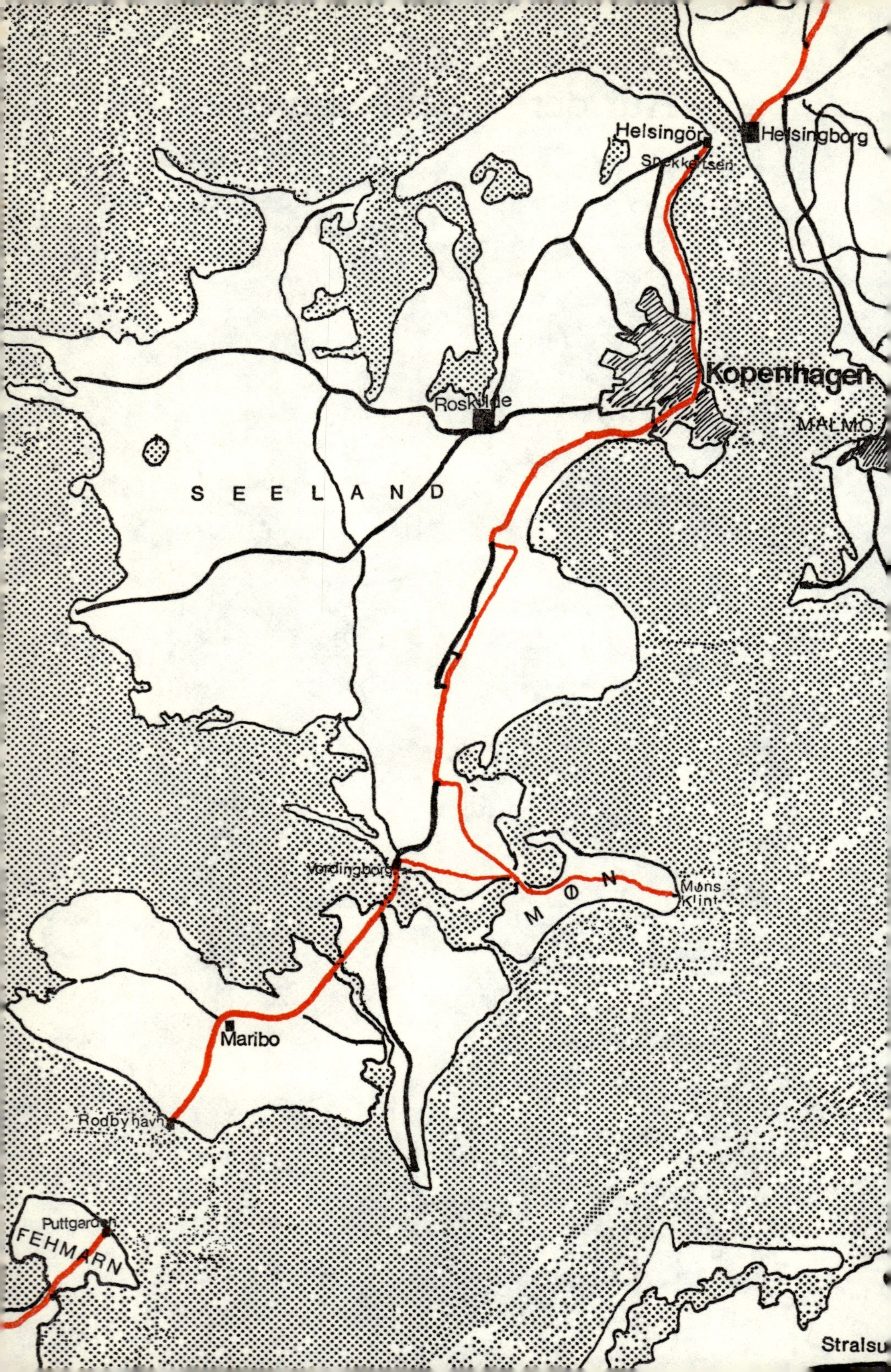

Helsingör
Helsingborg
Snekkersten
Kopenhagen
Roskilde
MALMÖ
SEELAND
Vordingborg
MØN
Møns Klint
Maribo
Rodbyhavn
Puttgarden
FEHMARN
Stralsu

Windstärke 6–7 hatte der Wetterbericht angesagt. Wir merkten nicht allzu viel davon, als wir mit 70–80 km/h über die Fehmarnsundbrücke fuhren, denn Auto und Wohnwagen waren voll beladen und lagen satt auf der Straße. Unser Ziel: Skandinavien!
Aber begleiten Sie uns doch einfach auf unserer Fahrt in eins der letzten Urlaubsparadiese. Wir – meine Frau und ich – laden Sie ein. Hund und Kind waren den Großeltern anvertraut worden, die nicht so richtig wußten, ob sie sich nun freuen sollten oder nicht. Denn Erstgenannter hatte eine ausgeprägte Vorliebe für Korn- und Maisfelder, aus denen er erst dann herauszukommen pflegte, wenn bereits die halbe Nachbarschaft zur Suche angetreten war. Während Letztgenannte, ein süßes weibliches Wesen von gerade drei Jahren, es nun einmal nicht unterlassen konnte, jedem deutlich klarzumachen, wer der eigentliche Herr im Hause ist. Diese beiden Plagegeister waren wir also los. Ein Ereignis der Freude, sollte man meinen. Aber nein! „Was mögen denn jetzt der arme ‚Sheriff' und die arme ‚Sabine' machen?" kam es unüberhörbar zum exakt 7. Mal seit Abfahrt von meiner rechten Seite. Oh, diese Frauen!
Doch inzwischen hatten wir uns bereits Puttgarden im Norden der Insel Fehmarn genähert, von wo aus praktisch alle 45 Minuten Fährschiffe nach Rødbyhavn (Dänemark) fahren. Die Ausschilderung von Lübeck ist einwandfrei, so daß man die Karte getrost beiseite legen kann. Wir kramten unsere Pässe und das Fährticket (80,– DM), das wir uns schon vorher in einem Reisebüro besorgt hatten, heraus und ordneten uns auf die linke Fahrspur ein, denn dort ist ein Hinweisschild „Mit Fahrkarte" angebracht. Sollte man noch keine Karte besitzen, ist das auch nicht weiter schlimm; man fährt dann eben auf die rechte Fahrbahnhälfte mit dem Hinweisschild „Ohne Fahrkarte". Das Ärgste, was einem passieren kann: eine Wartezeit, je nach Betrieb, von 10 Minuten bis zu 2 Stunden. 100 Meter hinter der Fahrkartenkontrolle befindet sich der deutsche Zoll. Pässe vorzeigen – weiter. Nach 200–300 Metern sieht man dann bereits das Fährschiff liegen –

Erlaubte Freimengen:

200 Zigaretten oder 100 Zigarillos
oder 50 Zigarren
oder 250 g Tabak

1 Liter Spirituosen und 2 Liter Wein

250 g Kaffee und **100 g Tee**

50 ccm Parfüms u. **250 ccm Toilettenw.**

Lebensmittel (auch für Kinder) **bis 100,–**

Butter, Käse, Wurst, verschiedene Fleisch- und Fischkonserven, Süßwaren, Lego-Artikel, Pfeifen.

„Kostprobe“

aus unserem Sortiment

Butter	1 kg	DM 4,30
Mettwurst	ca. 1 kg	DM 5,80
Salami	ca. 1 kg	DM 6,80
Rouladenschinken	ca. 1 kg	DM 12,00
Tilsiter	1 kg	DM 6,00
Edamer	2 kg	DM 11,00
Idee-Kaffee	250 g Ds.	DM 3,75
Lyons Tee	100 Beutel	DM 5,00
Pott Rum 40 %	Ltr.	DM 5,80
Doppelkorn Nord. Löwe	Ltr.	DM 5,80
Orig. Steinhäger	Ltr.	DM 8,40
Bols Silver Top Dry Gin	Ltr.	DM 9,00
Scharlachberg Meisterbrand	Ltr.	DM 11,50
Echt Stonsdorfer	Ltr.	DM 10,50
Schwarzer Kater	Ltr.	DM 12,00
Romanoff Orange-Vodka	Ltr.	DM 10,00
Kirsberry (dän. Kirschwein)	Ltr.	DM 7,80
Zigaretten	200 Stück	DM 13,00
Mc. Baren's Mixture	100 g	DM 4,75

Puttgardener
Fährschiff-Restaurant GmbH
Tel. 04371 / 2140
Parfümerie Hans D. Eybächer
Bahnhof Puttgarden
Tel. 04371/3096

ein Riesenpott von beeindruckender Höhe und Länge. Aber nur keine Angst! Denn irgendwelche Komplikationen treten garantiert nicht auf. Zwangsläufig fährt man nämlich am Ende der Straße eine kurze Rampe mit 8 % Steigung hinauf, die direkt in das Heck des Schiffes führt. Vom Heck laufen drei parallele Gänge zum Bug des Schiffes, aus dem man später herausfährt. Wenden, Rückwärtsfahren, Rangieren oder ähnliche Späße entfallen also. Ein System, mit dem selbst ängstliche Naturen auf Anhieb klarkommen. Eine Stunde dauert die Überfahrt über den Fehmarnbelt.

Wir gingen zuerst auf das oberste Deck, um das Ablegemanöver zu beobachten. Hier oben, zehn Meter über dem Meer, spürte man plötzlich die 6–7 Windstärken. Die Ostsee war mit Schaumkronen überdeckt, die jedoch von diesem Blickpunkt recht harmlos aussahen. Ein kleineres Kajütboot von rund sechs Meter Länge stampfte dagegen ganz schön in 200 Meter Entfernung vorbei. Doch allzu lange konnten wir uns auf diesem Deck nicht aufhalten, denn schließlich wartete der Clou aller großen Fähren auf uns: der zollfreie Einkauf. Zwei Etagen tiefer hatten sich schon Schlangen vor drei Kiosks gebildet, in denen Zigaretten und Spirituosen verkauft wurden (siehe auch Abb.). Bei Hochbetrieb auf den Fähren rast man am besten gleich zu diesen Läden hin, um nicht die ganze Stunde mit Warten zu verbringen. Immerhin gibt es gemütliche Salons, in denen man auf die Schnelle ein Frühstück oder auch ein komplettes Essen vertilgen kann. Gleich was man auch macht, viel schneller als erwartet ertönt plötzlich ein lautes Tut-Signal: das Zeichen dafür, daß die Fähre anlegt. Dann wird es Zeit, sich wieder ins Auto zu setzen und bei grünem Licht aus dem Bug herauszufahren. 500 Meter hinter der Anlegestelle befindet sich der dänische Zoll. Auch hier: Pässe vorzeigen – weiter. Echte Kontrollen sind höchst selten.

Wir waren also in Dänemark. Wer glaubt, die Welt müsse nun schlagartig anders aussehen, der sieht sich getäuscht: kaum ein Unterschied zu der Gegend, die man auf Fehmarn betrachten konnte.

Über Maribo ging es nach Vordingborg. Von dort ein 50 km weiter Abstecher östlich zur Insel Møn, der unbedingt empfehlenswert ist. Ziel: Møns Klint. Was ist Møns Klint? Am besten, ich zitiere Ihnen einen Satz aus einem Prospekt, den man dort bekommt: „Møns Klint ist ein Wunder der Natur, eine Idylle mit See, Sand, Klippen, Wald, umfriedeten Feldern, Höfen, Schlössern und einem stilvollen Park – und das alles auf einem abgezirkelten Stückchen Erde!" Wir bezahlten an der Einfahrt in dieses Areal 10 DKr (ca. DM 4,50) und fuhren dann über einen 5–6 Meter breiten, kurvenreichen Sandweg (Rallyefahrer werden in Entzücken ausbrechen) bis zu einem Parkplatz, der gleichzeitig Endstation ist. Direkt daneben befinden sich ein Hotel, ein Souvenirladen, ein Spielplatz für Kinder und ein kleines Museum. Dies alles interessierte uns nur am Rande. Wir waren hierher gefahren, um die Klinten, auf gut Deutsch die Klippen oder die Felsen, zu sehen, die hier auf ca. 6 km Länge bis zu 128 Meter senkrecht emporragen.

Links neben dem Hotel beginnt der Abstieg zum Strand mit dem Wegweiser „Maglevands Fald". Nichts für schwache Nerven, denn die Treppen sind teilweise ziemlich steil. Ist man unten angekommen, eröffnet sich ein eindrucksvolles Panorama, das man nicht jeden Tag zu Gesicht bekommt: Zehn Meter neben dem Wasser steigen die Kreidefelsen in schwindelerregende Höhen und drohen herabzustürzen. Wir wanderten am Strand, der sich als schmales Band um die Felsen schlängelt, gut 1500 Meter in südlicher Richtung entlang, wobei das Erscheinungsbild der Felsen immer wieder wechselt (siehe auch Abb. 1). Eindrücke, die man nicht so schnell vergißt.

Doch dann, oh Weh und Graus, ging es daran, den Aufstieg an anderer Stelle in Angriff zu nehmen. Hatten wir angenommen, der Abstieg wäre bereits steil gewesen, so wurden wir nun eines Besseren belehrt: denn dieses Meisterwerk der Baukunst glich mehr einer Leiter als einer Treppe! So um die drei Kilo dürfte ich abgenommen haben, als ich japsend und keuchend oben angekommen war. Die dort stehende Bank kam mir vor wie eine Oase in der Wüste. Ein Sessellift an dieser Stelle wäre eine Goldgrube.

Zurück zum Parkplatz ging es dann über einen schmalen, ungesicherten Weg immer am Abgrund entlang. Wer seine Frau loswerden möchte, hier ist eine einzigartige Gelegenheit: kleiner Schubs genügt.

Aber Spaß beiseite. Wer in Møns Klint 1–2 Wochen Urlaub machen möchte, ist mit Sicherheit nicht schlecht beraten.
Wir befinden uns wieder auf der Autobahn, noch 10 km bis nach Kopenhagen. Der Motor schnurrt, der Eriba Triton läuft brav hinterher. Es ist 12.30 Uhr. Langsam beginnt mein Magen vernehmlich zu knurren. Kein Zweifel. Ich habe Hunger. Na ja, ein halbes Stündchen noch, und wir sind auf dem Campingplatz. Da plötzlich ein seltsames Geräusch. Gleichzeitig gestikuliert einer, der uns überholt, in einer Art, die auch nichts Gutes ahnen läßt. Ich verringere die Geschwindigkeit. Das Geräusch wird lauter. Ich fahre auf den Randstreifen, halte an, schalte die Warnblinkanlage ein und steige aus. Irgendwie hat der Wohnwagen Schlagseite. Als ich die Bescherung sehe, stellt mein Magen vor Schreck sein Knurren ein. Der linke Reifen ist geplatzt, ein 10 cm langer Riß in der Flanke läßt keinen Zweifel aufkommen. Ich wundere mich nur, daß der Eriba absolut keine Schleuderbewegung zeigte. Ersatzreifen? Keinen dabei!
Also Wohnwagen abkuppeln, und die Reifensuche kann beginnen. Ich habe Glück. Bereits bei der zweiten Tankstelle werde ich fündig. 195 DKr (ca. 87,75 DM) kostet der Spaß. Nachdem der Reifen montiert ist, wird auch der andere gewissenhaft untersucht. Und siehe da, was mir nie aufgefallen war: Zwei feine poröse Risse prangen mir entgegen! Was tun? Nicht drum kümmern oder auf Nummer Sicher gehen? Ich entscheide mich für die zweite Möglichkeit. Und wieder klingelt die Kasse an der Tankstelle. Der Tankwart grinst bis über beide Ohren. Ich grinse leicht gequält zurück.
Mit reichlicher Verspätung und in ausgehungerter Verfassung erreichten wir Kopenhagen, besser gesagt Tårnby-Camping im südlichen Stadtteil Amager. Kaum hatten wir die Kurbelstützen heruntergedreht, fielen wir über alle gerade verfügbaren Fressalien her. Nachdem wir uns in dieser etwas unüblichen Weise gestärkt hatten, schauten wir uns den Platz etwas näher an. Nicht allzu groß, dennoch keine drangvolle Enge, mit allen üblichen Einrichtungen. Strom für den Wohnwagen kann man allerdings nur dann abzapfen, wenn man sich bei der Rezeption ein 1 Meter langes Kabel mit dreipoligem Stecker holt, denn nur dieser paßt in die Steckdose. Preis für zwei Übernachtungen:

31 DKr (ca. DM 13,95). Strom pro Tag: 3,50 DKr (ca. DM 1,55). Obwohl dieser Campingplatz direkt am Meer liegt, kann man schlecht dorthin, da sinnigerweise ein Zaun den Zugang teilweise versperrt. Aber wir waren ja nicht zum Baden nach Kopenhagen gekommen, sondern um uns die Stadt anzusehen. Eine Stadt, die wirklich für jeden Geschmack etwas bietet. Man spürt förmlich den „Duft der großen weiten Welt". Dazu eine angenehm prickelnde Atmosphäre.
Wir stellten den Wagen in der Nähe des Rathausplatzes ab und machten einen Schaufensterbummel über Kopenhagens weltberühmten Ströget. Der Name „Ströget" taucht in den Stadtplänen nicht auf, denn es ist der Sammelname für mehrere ineinander übergehende Einzelstraßen (alles Fußgängerzone). Er beginnt am Rådhusplads und endet am Kongens Nytorv, ebenfalls ein imposanter Platz. Schräg gegenüber ist einer der Eingänge zum Tivoli, dieser gelungenen Mischung aus Kirmes, Theater, Restaurants, Musikveranstaltungen und Gartenanlagen. Eintritt pro Person: 4 DKr (ca. DM 1,80). Nepp haben wir nicht angetroffen, sondern echtes Vergnügen für jung und alt. Unbedingt empfehlenswert ist auch eine Stadt- und Hafenrundfahrt. Wir stiegen am Kongens Nytorv in eines der superflachen Boote und ließen uns eine Stunde lang für 12 DKr (ca. DM 5,40) pro Nase die Sehenswürdigkeiten vom Wasser aus zeigen. So kamen wir auch bei der Kleinen Meerjungfrau, dem Wahrzeichen der Stadt, vorbei. Sie steht in der Nähe der Hafeneinfahrt nur zwei Meter vom Ufer entfernt. Vom Boot aus war sie kaum zu erkennen. Dafür von weitem eine ansehnliche Menschentraube, die – mit Fotoapparaten jeglichen Kalibers bewaffnet – der zierlichen Dame auf die Pelle rückte. Igitt – Igitt!
Diesen Ausruf werden sicherlich auch einige machen, wenn sie ins Bahnhofsviertel kommen und dort jede Menge Sex-Shops mit allen Finessen bewundern können. Mittendrin hin und wieder ein normaler Laden, dessen Besitzer wie eh und je seinen Grünkohl oder seinen Käse verkauft.
Es ist 7.30 Uhr morgens. Kopenhagen schläft immer noch, als wir über die fast menschenleere Østerbrogade die Stadt verlassen, um auf den Strandvej zu gelangen, dieser herrlichen Küstenstraße nach Hel-

Im Tivoli

singör. Sie ist auf jeden Fall der Europastraße 4 (E 4) vorzuziehen, denn nicht umsonst hat man diesem Küstenabschnitt den Namen „Dänische Riviera“ gegeben.
Etwa 1 km hinter dem Ortseingang von Snekkersten gabelt sich dann die Straße. Um zu den Fähren nach Helsingborg (Schweden) zu gelangen, muß man sich rechts halten. Noch 2–3 Minuten Fahrt und ein Schilderwald stiftet etwas Verwirrung. Aber auch hier rechts halten und dem Hinweisschild „Schweden“ folgen. Nach 300 Metern tauchen drei Kartenverkaufsstellen auf, ähnlich denen auf italienischen Autobahnen, d. h. man fährt an eine x-beliebige heran, löst die Karte (in diesem Fall 102 DKr oder etwa DM 45,90), ohne aus dem Auto auszusteigen, und fährt weiter. Unmittelbar dahinter wurden wir dann in eine von sechs parallelen Spuren eingewiesen und harrten der Dinge, die da kommen würden (siehe auch Abb. 2). Nach einer halben Stunde Wartezeit, bei Hochbetrieb kann es auch über eine Stunde werden, obwohl die Fähren viertelstündlich ablegen, war es soweit: in das Heck des Schiffes, das bedeutend kleiner als das über den Fehmarnsund war, hinein und nach 20 Minuten Fahrzeit aus dem Bug heraus. Und schon waren wir in Schweden, ohne Paß- oder Zollkontrolle!

1. Kaum zu glauben, aber wahr: diese steilen Kreidefelsen in Møns Klint gehören zu Dänemark.

2. Warten auf die Fähre von Helsingör nach Helsingborg. So ähnlich sieht es an allen Fährstationen aus.

Kurs zu den Schären

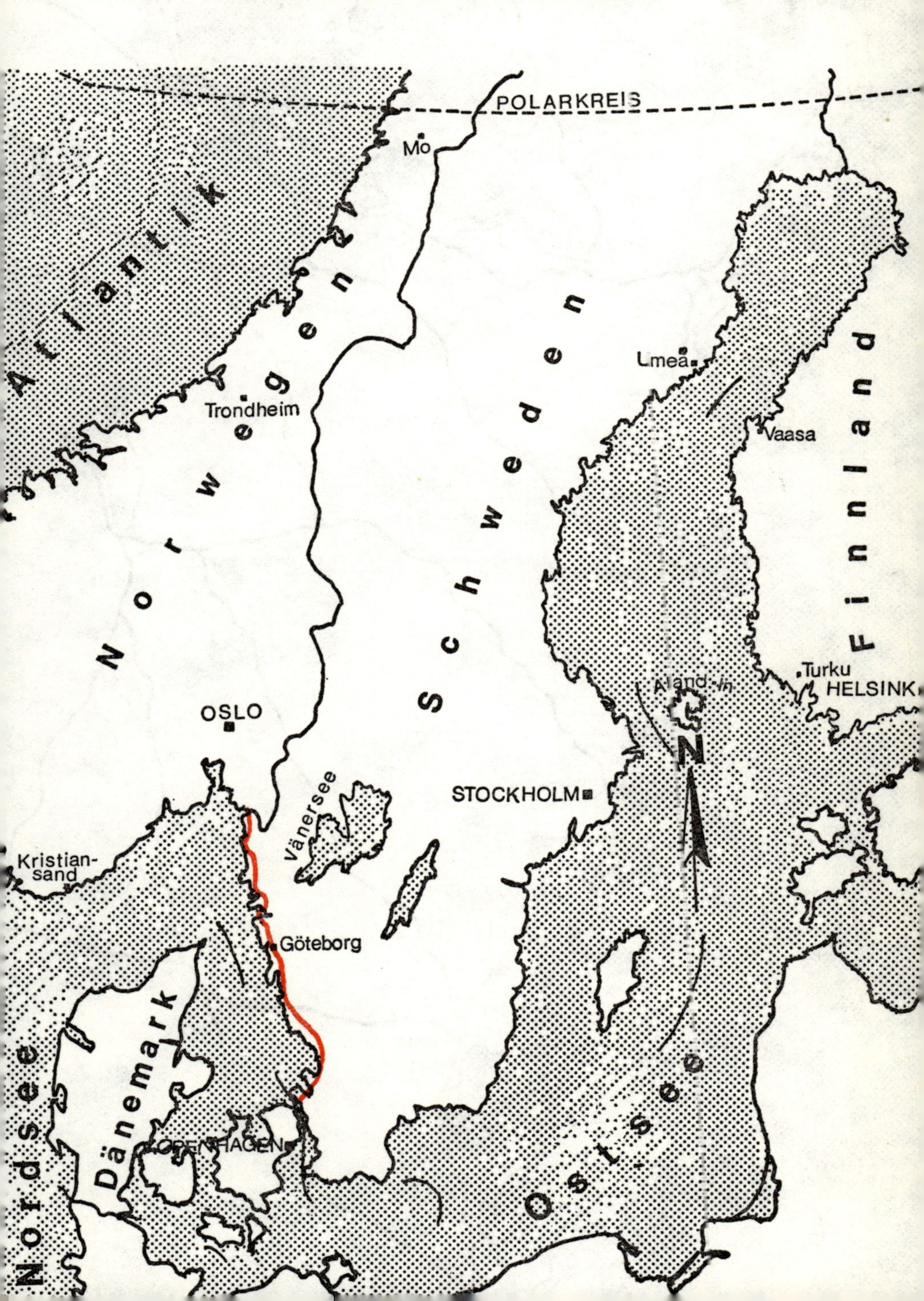

Svinesund
Lökholme
Ström-
stadt
Fjäll-
backa
Hunne-
bostrand
ORUST
Ellös
Hälleviksstrand
Stenungsund
TJÖRN
Kungsälv
Göteborg
Varberg
Halmstad
VÄNNERSEE
VÄTTERS

Eine leicht hügelige, zersiedelte Landschaft gleitet an uns vorüber. Es geht auf der stark befahrenen Europastraße 6 (E 6) in Richtung Göteborg. Nur an ganz wenigen Stellen sieht man einmal das Meer.
Hinter Varberg tauchen urplötzlich die ersten Felsen auf, braune, fast nackte Blöcke, an denen die bunten Häuschen zu kleben scheinen. Der Himmel wird blauer, die Luft würziger, die Stimmung besser. Göteborg liegt bereits hinter uns. Ursprünglich wollten wir dort Station machen, doch die Schären – das bedeutet Sonne, Wasser, Bootfahren – haben uns in ihren Bann gezogen.
20 Kilometer hinter Kungsälv bogen wir von der E 6 Richtung Stenungssund, Jörlanda ab. Bald waren wir vor der imposanten Brücke, die zur Insel Tjörn führt, und stellten das Gespann auf einem der beiden sich dort befindlichen Parkplätze ab. Von hier oben hat man einen Ausblick, der einen beinahe verstummen läßt: glitzerndes, grünes Wasser mit gewaltigen, blank gewaschenen Schären! Ein Bild wie gemalt.
Nachdem wir den Hauptteil der Brücke passiert hatten, sahen wir tief unten den Campingplatz Tjörnbron liegen, der auch bestens für Boote geeignet ist. Ein kleiner Nachteil: wegen des Verkehrs über die Brücke muß man mit Lärmbelästigung rechnen.
Ungefähr in der Mitte der Insel Orust bogen wir links auf eine kaum befahrene, ca. 5–6 Meter breite asphaltierte Straße Richtung Ellös ab und fuhren bis zur Endstation Hällevikstrand: ein zauberhafter, typisch nordischer Ort inmitten der Schären (siehe auch Abb. 3 und 4). Ich holte meine Kleinbildspiegelreflex nebst Wechselobjektive und die 6 x 6 Rolleiflex aus dem Auto und begab mich, durch diese gewichtige Last allerdings leicht gebeugt, auf Fotopirsch: ein Unterfangen, das einem leichtgemacht wurde. Denn wohin man auch schaute: Motive erster Klasse in großer Anzahl. Als ich der Überzeugung war, genug des Guten getan zu haben, machten wir uns wieder aus dem Staube.
Unser Ziel für die Nacht: der Campingplatz Ramsvik in Hunnebostrand. Zwar warnte der ADAC-Campingführer davor, diesen im

Juli anzusteuern, aber ich hatte es mir nun mal in den Kopf gesetzt, dort mein Domizil aufzuschlagen. Also auf nach Hunnebostrand! Mein Herz schlug höher, als wir uns, nachdem wir über eine kleine, schmale Drehbrücke gepoltert waren, bis auf 3 km genähert hatten. War etwas frei? Ich muß wohl ziemlich blöd dreingeschaut haben, als ich schließlich den Ort der Verheißung erspähte, denn meine Frau fragte besorgt: „Hast du etwas?“ „Na, schau doch!“ erwiderte ich. Und nun sah auch sie es: dicht gedrängt, praktisch ohne Zwischenräume, standen Autos, Wohnwagen und Zelte nebeneinander. Wie die Ölsardinen! Hunnebostrand – ade! Aber wohin? Ich begann, den Campingführer zu durchforsten, währenddessen meine Frau eines dieser süßlichen Weißbrote, die einem in der Hand schon zerfallen, erstehen sollte. „Aha, hier ist einer“, murmelte ich. „Na, wo geht's hin?“ rief meine mit dem Brot antrabende Frau. „Nach Fjällbacka.“ Also auf nach Fjällbacka!

Auf der Fahrt dorthin fiel uns ein, daß Samstag war. Unsere Hoffnungen schwanden. Samstag/Sonntag zieht es nämlich viele Schweden mit Wohnwagen oder Zelt zu einem Miniurlaub auf einen Campingplatz, besonders wenn diese so einladend wie die an der schwedischen Westküste sind. Als wir bei Fjällbacka-Camping ankamen, brauchten wir erst gar nicht auszusteigen, denn ein Schild mit der Aufschrift „full belågt“ sagte alles. Dieses Schild in allen möglichen Größen wurde nun der Wegweiser von Campingplatz zu Campingplatz. Es war zum Verzweifeln!

Wir entschlossen uns, den Wohnwagen auf einem Parkplatz abzustellen und dort zu übernachten. Doch schneller gesagt als getan. Es kam einfach kein geeigneter Parkplatz, obwohl wir wieder auf der E 6 gelandet waren, 10 km nördlich von Strömstadt. Statt dessen tauchte ein Hinweisschild „Stugor, Camping“ auf.

Letzter Versuch! Ich lenke das Gespann links in einen ca. 4–5 Meter breiten Schotterweg, der nach 2 km zu einem Platz mit dem Namen Ylseröds-Camping führt. Es ist 23.00 Uhr. Dunkel. Aber nicht zu dunkel, um sofort zu erkennen, daß kaum Zelte und Wohnwagen auf der großen Wiese, die an einen Fjord grenzt, stehen. Geschafft! Ab-

kuppeln, Stützen runter, Vorhänge zu, Sitzbänke zur Liege umbauen und ab in die Falle!
Nachts um 2 Uhr werde ich wach. Es ist kalt. Ich habe eine Gänsehaut. Soll ich die Heizung anmachen? Ausgeschlossen! Dazu müßte ich aufstehen. Ich blinzele nach rechts und entschließe mich, eine Decke zu klauen, eine bereits angewärmte. Gegen 5 Uhr entdeckt meine Frau den Diebstahl. Ich bin die Decke wieder los. Also stehe ich auf und trete einen Erkundungsgang an.
Wir sind am Ende eines seichten Fjordes, in den ein ziemlich primitiver Bootssteg ragt. Selbst am Ende dieses Steges ist das Wasser noch so flach, daß die Boote den Grund berühren. Reichlich vorhanden sind dagegen in Ufernähe Algengewächse und Schlingpflanzen, die bis zur Wasseroberfläche durchdringen. Alles andere als ideal zum Baden und Bootfahren!
Nachdem wir gefrühstückt haben, entrichten wir den verlangten Obolus von 13 SKr (ca. DM 7,80) und holpern wieder zur E 6. Schon wenige Kilometer weiter ein erneuter Abzweig: Richtung Lökholmen. Am Ende dieser 6 km langen Stichstraße befinden sich mehrere Campingplätze, der letzte davon ist Camping-Lökholmen. Auf den fahren wir, denn es sind tatsächlich – wir können es kaum glauben – noch Stellflächen frei.
Die Lage auf einer Halbinsel, umgeben von Schären jeder Größe, ist einsame Spitze. Dazu sauberes Wasser, ein strahlend blauer Himmel, vernünftige Bootsstege, eine Slipanlage, mehrere Sandstrände. Was will man mehr?!
Wir hatten inzwischen nur einen Gedanken: Boot aufbauen und hinaus aufs Wasser! Gesagt, getan. Im Rekordtempo montierten wir „Donald“, unser Zephyr-Schlauchboot. Alles klappt wie am Schnürchen. Motor drangehängt – fertig. Ich klettere hinein, um den Leuten, die mit großem Interesse unser Tun verfolgt hatten, zu zeigen, daß mein Prachtmotor auch anspringt. Mit beiden Händen packe ich den Handstarter – es wird beinahe still am Strand – und ziehe aus Leibeskräften. Nichts! „Na, der hat bestimmt noch keinen Sprit“, denke ich und drücke nochmals die Pumpe. Wiederum ziehe ich den Starter mit allem Elan durch. Nichts! „Aller guten Dinge sind eben drei“, rede

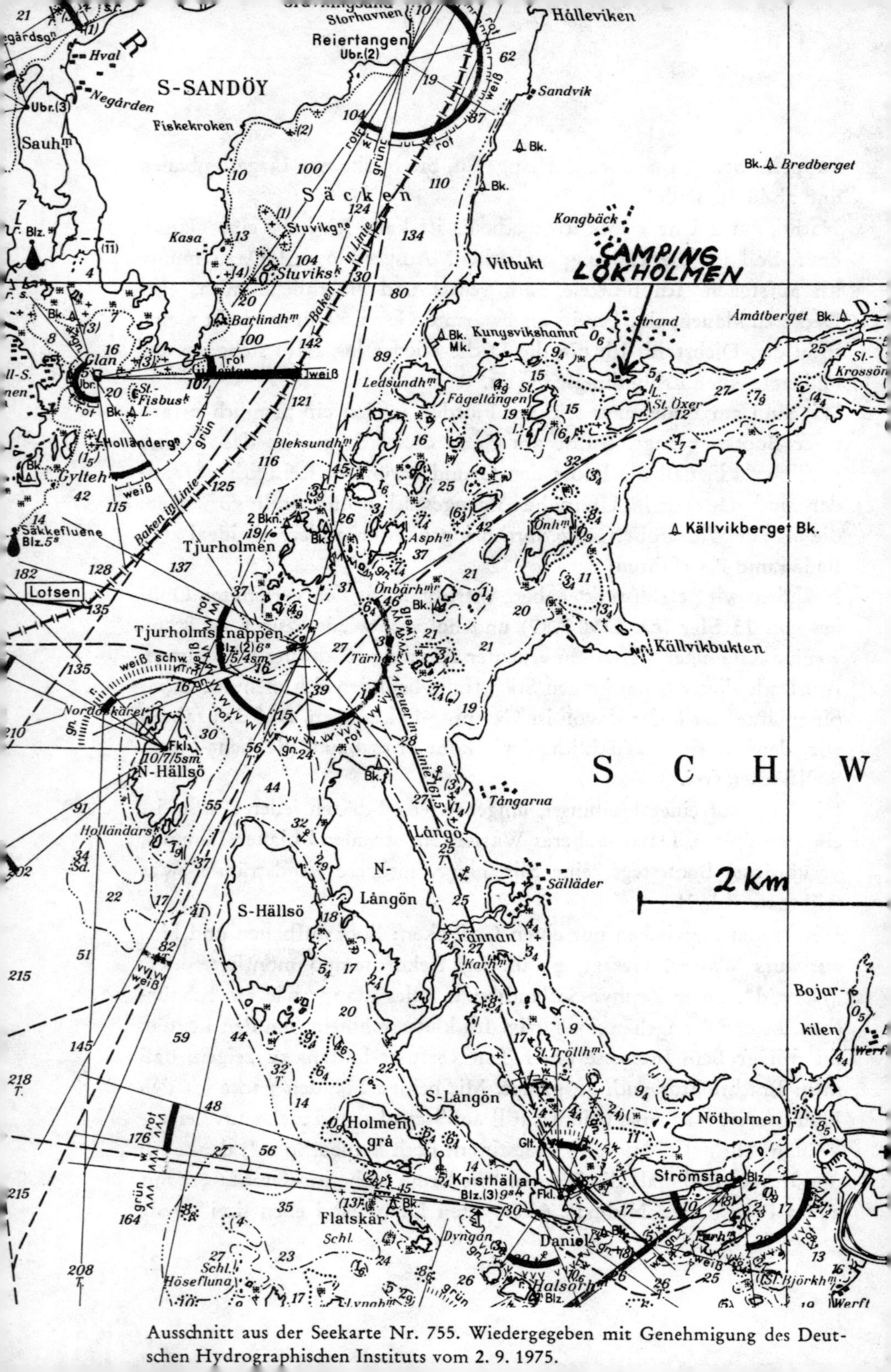

Ausschnitt aus der Seekarte Nr. 755. Wiedergegeben mit Genehmigung des Deutschen Hydrographischen Instituts vom 2. 9. 1975.

ich mir ein und ziehe so stark durch, daß ich beinahe rückwärts aus dem Boot falle. Nichts! Ich schaue zum Strand, da kichern doch schon einige unverhohlen. „Jetzt aber erst recht!“ sage ich mir und ziehe, ziehe, ziehe . . . Nichts! Aber auch keinen Ton! Die Zunge hängt mir zum Halse heraus. Ich muß eine Pause einlegen. Plötzlich fällt es mir wie Schuppen von den Augen: da sind ja noch die total von der Konservierung verölten Kerzen drin! Daß ich daran nicht gedacht habe. Neue Kerzen rein. Zweimal gezogen, und schon blubbert er wie in alten Tagen, wenn auch in einer weithin sichtbaren Ölwolke. Die Leute rümpfen die Nase. Doch bald erhellen sich wieder ihre Gesichter. Das Konservierungsöl ist raus, der Motor läuft normal.
Start frei zur ersten Schärenrundfahrt!
Nach 100 Metern langsamer Verdrängungsfahrt gebe ich „Donald“ die Sporen. Er bäumt sich auf und kippt sofort wieder nach vorne. Wir schießen davon. Herrlich! Die See ist fast spiegelglatt. Da ist schon die erste Schäre, mit Vollgas vorbei. Die nächste ist 100 Meter weiter. Schon liegt sie hinter uns. Ich befinde mich in einer Art Rausch. So lange habe ich auf diesen Augenblick gewartet. Nun ist er da. Ich koste es aus. Wohin wir auch blicken: Schären, Schären, Schären. Fast wie in den jugoslawischen Kornaten.
Nach 10 Minuten drossele ich das Tempo, um eine der malerischen Buchten anzulaufen, in denen man von niemand gestört wird (siehe auch Abb. 5). Ich ziehe Flossen, Tauchermaske und Schnorchel an – meine Frau zögert noch – und lasse mich ins Wasser gleiten. Das erste Bad im Urlaub! „Komm rein!“ rufe ich ihr noch prustend zu, als ich mich mit wenigen Flossenschlägen entferne. Das Wasser hat gerade die richtige Temperatur, so 20–21° C. Die Sichtweite beträgt cirka 3 Meter. Mit einer kräftigen Flossenbewegung bin ich über dem Grund, der vollständig mit Algen, die sich in der sanften Strömung hin- und herwiegen, bewachsen ist. An anderen Stellen sieht es ebenso aus. Als wir wieder am Strand des Campingplatzes landen, ziert meinen Rükken ein mittelprächtiger Sonnenbrand. Auch das gibt's im Norden! Sogar gratis.
Am nächsten Morgen wehte eine frische Brise.
Aber das sollte uns nicht abhalten, eine Angeltour vom Boot aus zu

starten. Mit Blinkern verschiedener Größe und einem Pilker, der gut und gerne für einen 10-kg-Brocken geeignet war, wollten wir unser Glück versuchen, das uns in dieser Beziehung nie besonders hold gewesen war. Wir verstauten noch einen 5-Liter-Reservekanister und einen Signalstift für alle Fälle, und ab ging die Post Richtung offene See, denn dort vermuteten wir die größten Tierchen. Die Wellen wurden um so höher, je weiter wir uns vorwagten. Als wir den schützenden Schärengürtel ganz verlassen hatten, war Gleitfahrt „gegenan" nicht mehr möglich; schon vorher wurden meine Bandscheiben aufs Ärgste strapaziert. Deshalb kreuzten wir schräg zu den Wellen, was noch ziemlich erträglich war.

In einiger Entfernung von der Küste stellte ich den Motor ab. Es konnte losgehen.

Angel raus, Blinker mit Stahlvorfach für ganz Gefräßige dran und ins Wasser damit. Als die 0,5 mm starke Schnur sich abspulte – 180 Meter hatte ich auf der Rolle –, sah ich im Geiste schon den kapitalen Fang auf dem Grill liegen. Schließlich schaukelte „Donald" über Schwedens besten Fischgründen! Langsam holte ich die Schnur wieder ein. War da nicht schon ein Rucken? Nein, ich mußte mich getäuscht haben. Das Spielchen wiederholte sich. Ohne Erfolg. „Frauen haben mehr Gefühl", sagte ich mir nach einer geraumen Zeit und übergab die Angel meinem Gegenüber. Dieser geflügelte Satz muß jedoch ein Irrtum sein, denn auch ihr redliches Bemühen, das Mittagessen zu sichern, scheiterte kläglich. Sollte auch heute eine Konserve auf dem Tisch stehen? Nein! Diesmal nicht! Grimmig und zu allem entschlossen holte ich den schweren Pilker, den ganzen Stolz meiner bescheidenen Ködersammlung, heraus. Der und kein anderer sollte es bringen. Schnell rasselte die Schnur ab, als der künstliche Köder in der Tiefe verschwand. Erwartungsvolle Spannung lag auf unseren Gesichtern. Wir sprachen kein Wort. In rotierenden Bewegungen bewegte sich der Pilker nun wieder auf das Boot zu. Zu gerne hätten wir gewußt, ob ein Raubfisch, unser Raubfisch, die Verfolgung schon aufgenommen hatte. Da – plötzlich ein Ruck! Der Köder hatte sich im Grund verfangen. „So ein Mist!" entfährt es mir, denn auch kräftiges Ziehen mit der Rute änderte nichts daran. Ich reiße mit Gewalt, so daß die

3. Holzhäuser wie diese an der schwedischen Westküste sind typisch für Skandinavien.

4. In Hällevikstrand ist die Welt noch in Ordnung. Insbesondere für Wassersportler.

5. Nördlich Göteborg keine Seltenheit: einsame Buchten, eine schöner als die andere.

Angel die Form eines überspannten Flitzebogens annimmt. Da – plötzlich wieder ein Ruck! Der ach so schöne Pilker steckt auf Nimmerwiedersehen im Grund des Skagerraks! Ohne jeglichen Widerstand läßt sich die Schnur einholen. Verflucht! Mein kunstvoll gestalteter Knoten am Wirbel hatte sich gelöst. Dabei war ich sooo stolz auf diesen Knoten!

Ich habe keine Lust mehr. Essen wir eben Konserven!

Jetzt erst merke ich, daß der Wind inzwischen weiter zugenommen hat. Die Wellenhöhe ebenfalls. Es wird Zeit, sich zu verdrücken. Schräg mit den Wellen ist immer noch Gleitfahrt möglich, auch wenn es des öfteren ganz gehörig spritzt. Spaß macht es trotzdem, die Wellen rauf und runter zu surfen. Sobald wir die ersten Schären erreicht haben, wird das Wasser merklich ruhiger. Nur an den Untiefen, vor denen man sich höllisch in acht nehmen muß, stehen Brecher.

Am Strand wieder angekommen, schreie ich auf einmal „Au", denn soeben hatte eine skandinavische Stechfliege ihr übles Werk verrichtet und mich ohne Vorwarnung gestochen. Mittels einer Blitzreaktion schlage ich sie noch platter, als sie ohnehin schon aussieht. Ein unnötiges Unterfangen, wie sich zwei Sekunden später herausstellt, denn ein weiteres Biest hatte sich meinen vom Sonnenbrand leicht geröteten Oberschenkel als Leckerbissen ausgesucht und herzhaft reingebissen. „Was habe ich denen bloß getan?" überlege ich, als ich zum dritten Mal Opfer einer hinterhältigen Attacke werde, zumal ich offensichtlich der einzige am ganzen Strand bin, auf den es diese liebreizenden Viecher abgesehen haben.

Ich trete den Rückzug in den Wohnwagen an.

Nachdem ich meine Wunden gepflegt habe, öffne ich mißmutig eine Konserve. „Rouladen in pikanter Sauce" steht zwar verheißungsvoll auf dem Etikett, aber – ich frage Sie – was ist das schon gegen einen selbstgefangenen Fisch, den man obendrein noch liebevoll zubereiten kann? Das Essen schmeckte dementsprechend.

Nachmittags entwickelte sich der Wind zu einem ausgewachsenen Sturm Stärke 8. An Bootfahren unter diesen Bedingungen war natürlich nicht mehr zu denken. Wir zerlegten „Donald" daher wieder und

machten statt dessen eine Wanderung, bei der uns der Wind ganz schön ins Gesicht blies.
Unrasiert – 110 Volt Stromspannung hatten meinem Rasierapparat nur ein schwächliches Wimmern entlocken können – bezahlte ich am nächsten Tag 39 SKr (ca. DM 23,40), und Oslo, unser neues Ziel, konnte angesteuert werden.
In gut 20 Minuten erreichten wir die Svinesundbrücke, die Grenze zwischen Schweden und Norwegen. Schon zwei Kilometer vorher machte eine Kette von Tankstellen und Souvenirläden darauf aufmerksam. Weder am schwedischen noch am norwegischen Zoll ließen sich Zollbeamte blicken.
Wir waren in Norwegen!

Norwegen - ein Erlebnis

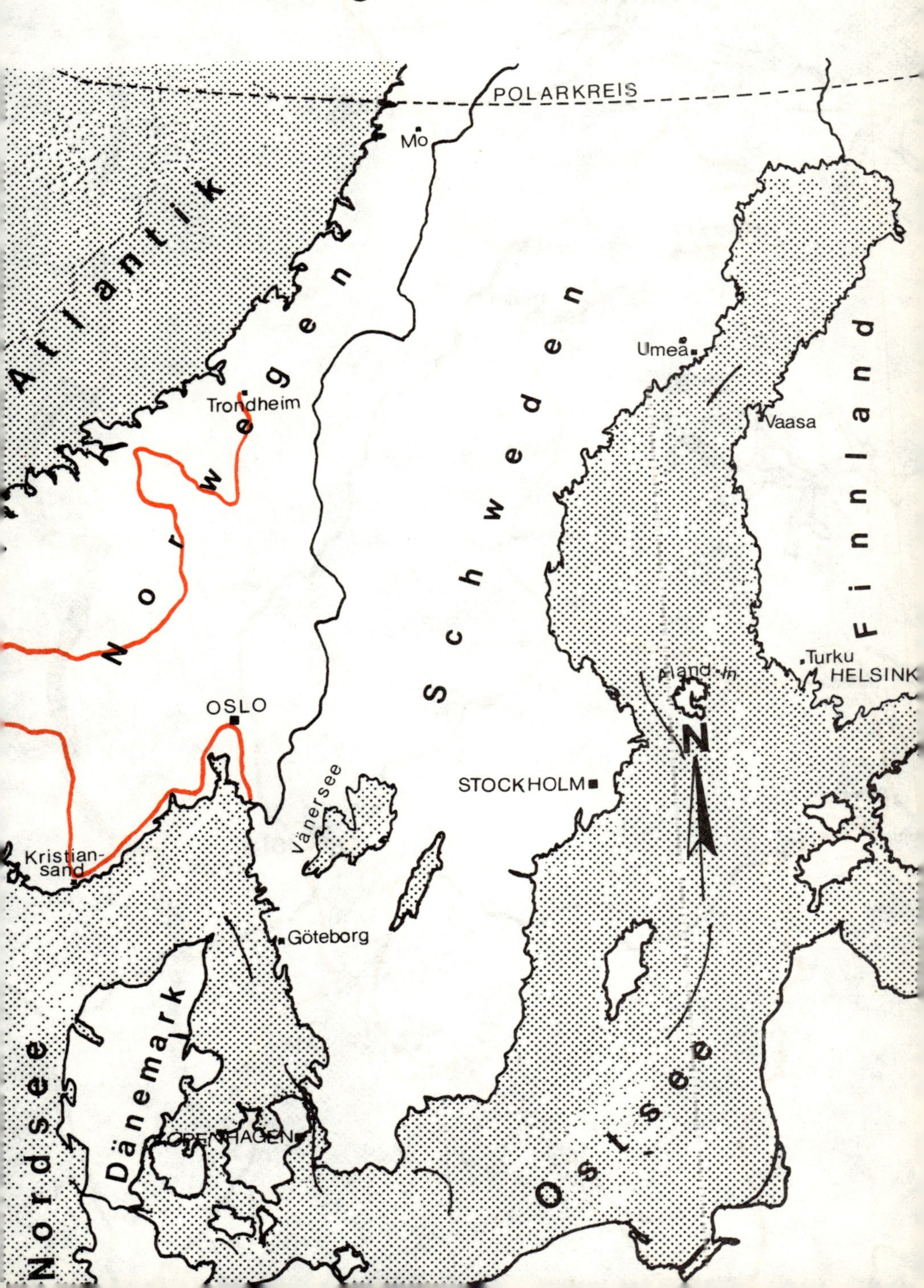

Stjørdal
Trondheim
Åndalsnes
Oppdal
Linge
Eidsdal
Geiranger
Grotli
Dombås
Randen
Lom
Bygdin
Fagernes
Leira
Hamar
Gol
Nesbyen
Geilo
Kinsarvik
Lofthus
Odda
Skare
Røldal
Haukeligrend
Hovden
Oslo
Sande
fjord
Larvik
Evje
Arendal
Lillesand

Wir näherten uns auf der Europastraße 6, die hinter der Grenze manchmal auf die Breite einer deutschen Kreisstraße zusammenschrumpft, der Hauptstadt Oslo.
Wir wollten zum Campingplatz Ekeberg, der am südöstlichen Stadtrand in 100 Metern Höhe auf einem Berg, dem Ekeberg, liegt. Wir hielten uns Richtung Hamar. Schon wenige hundert Meter hinter diesem Hinweisschild beginnt die perfekte Ausschilderung, so daß man den Campingplatz nicht verfehlen kann.
Waren in Lökholmen an der schwedischen Westküste fast nur Schweden auf dem Platz, so herrschte hier ein buntes Treiben aller Nationalitäten, wobei schwierig zu sagen ist, welches Land die Majorität hatte. Der Platz, ein hügeliges Wiesengelände, war zu 90 Prozent belegt.
Stromanschlüsse für Caravans gibt es nur an den Waschanlagen. Kleingewachsene Leute werden jedoch ihre Probleme damit haben, falls sie keine Leiter mit sich herumschleppen – und wer tut das schon –, denn die Steckdosen sind in cirka 2,30 Meter Höhe angebracht.
Als ich den Waschraum betrat, um meinen Zwei-Tage-Bartstoppeln den Garaus zu machen, diesmal gleich mit 240 Volt, stellte ich fest, daß der ADAC-Campingführer wieder mal recht hatte: trotz vorgerückter Stunde – es war fast Mittag – Jubel, Trubel, Heiterkeit wie an der Schießbude einer Dorfkirmes. Egal, ob man sich waschen, sich rasieren, sich duschen wollte oder – noch viel schlimmer – ein dringendes Bedürfnis hatte: es hieß anstellen, bis man an der Reihe war! Auch am nächsten Morgen in aller Hergottsfrühe ereilte mich dieses Schicksal. Und das auf einem Drei-Sterne-Platz!
Wir waren fertig zur Stadtbesichtigung. 200 Meter hinter dem Kontrollhäuschen an der Einfahrt/Ausfahrt des Campingplatzes steuerten wir zuerst einen in einer Kurve gelegenen Parkplatz an, von dem man einen wunderschönen Ausblick auf Oslo hat.
Als wir dann unten im Zentrum angekommen waren, begann die

Festung Akershus in Oslo

große Parkplatzsuche. Nach einer halben Stunde in die Kreuz und in die Quer wurde unsere Vermutung zur Gewißheit: Oslo besteht nur aus Parkuhren! Parkuhren, an denen man seinen Untersatz im höchsten Fall eine Stunde stehen lassen kann. Eine Stunde! Wir waren doch nicht nach Oslo gekommen, um im Eilschritt durch die Stadt zu hetzen! Doch da nahte auf dem Munkedamsvejen – unsere Stimmung war auf dem Nullpunkt angelangt – die Rettung in Form eines Esso-Parkhauses. Nichts wie rein, auch wenn die Stunde 4 NKr (ca. DM 2,00) kostete! Falls Sie dort einmal keinen Platz mehr bekommen sollten, fahren Sie einfach 100 Meter weiter. Dort befindet sich die Konkurrenz in Form eines BP-Parkhauses.

Wir marschierten nun guter Dinge zur Karl-Johans-Gate, der Haupteinkaufsstraße, die sich vom Ostbahnhof bis zum Königlichen Schloß erstreckt. Da sie aber keine reine Fußgängerzone ist, wirkt sie nicht in sich geschlossen. Kopenhagens Ströget ist – die Osloer mögen mir hier verzeihen – bedeutend reizvoller.

Nach dem Schaufensterbummel schlugen wir uns durch alle möglichen Seitenstraßen zum Rathausplatz durch, denn hier legt jede Naselang das Fährboot zur Halbinsel Bygdøy, einem Stadtteil Oslos, ab. Kaum hatten wir den verkehrsreichen Platz erreicht, fing es an zu regnen. Na, das konnte ja heiter werden.

Nach fünf Minuten Wartezeit kam das Boot, ein respektabler Kahn, in den mehr als 100 Passagiere passen. In knapp 10 Minuten machten wir an besagter Halbinsel, auf der etliche Museen anzutreffen sind, fest. Man braucht hier aber *nicht* auszusteigen, denn die Fähre läuft im Dreieckskurs noch eine zweite Stelle – ein Kilometer Luftlinie entfernt – an, ehe sie zurückkehrt.

Wir verließen jedoch das Boot, da ein kleines Restaurant mit dem einladenden Namen „Lanternen“ – unmittelbar an der Anlegestelle gelegen – uns mit magischen Kräften anzog, obwohl wir erst vor gut einer Stunde gegessen hatten.

Innen sah es recht gemütlich aus. Wir setzten uns an einen Erkertisch, von dem aus wir das Treiben am Bootssteg beobachten konnten. Nach einer Weile kam die Bedienung – eine Chinesin – angehuscht und brachte eine Riesenkarte aus grauem Karton, deren Größe absolut

nicht mit der angebotenen Auswahl harmonieren wollte. Aus dem mageren Angebot suchten wir uns Schnitzel und Scholle aus, dazu zwei Bier.
Draußen regnete es noch immer. Kein Hinderungsgrund für einen Sauberkeitsfanatiker, seinem strahlend weißen Polyesterkahn mit Dutzenden von Mittelchen zu Leibe zu rücken, um ihn noch weißer als weiß zu machen. Drinnen, am Nebentisch, tanzte ein strohblondes Mädchen von vielleicht drei Jahren dem Papa – einem Hünen von Seemann – auf der Nase herum. Doch dem schien das zu gefallen.
Da wurde ich in meinen Beobachtungen unterbrochen. Das Essen kam. Mit Grazie, dabei huldvoll lächelnd, stellte die Chinesin das angebrannte Schnitzel auf den Tisch und entschwand. Es schmeckte dennoch. Ebenso die feinen grünen Erbsen, die auf der Zunge zergingen. Nur das Bier war eine Spur zu warm.
Um 67 NKr (ca. DM 33,50) erleichtert, verließen wir das Lokal und stiegen wieder in das gleiche Boot ein, mit dem wir hergekommen waren, um uns zum zweiten Anlegepunkt bringen zu lassen.
Fünfzig Meter davon entfernt: das „Fram"-Museum. Hier kann man das Polarschiff „Fram", mit dem die Forscher Nansen, Sverdrup und Amundsen ihre Fahrten in nördliche wie südliche Polargebiete unternommen hatten, bewundern. Will man auf und in das Schiff steigen, muß man 2 NKr (ca. DM 1,00) bezahlen, eine Investition, die sich lohnt. Insbesondere im Bauch des äußerlich gewaltig erscheinenden Schiffes wird einem klar, unter welch harten Bedingungen die Menschen darauf gelebt haben müssen. So gleichen die Räume winzigen Gefängniszellen, in denen man Platzangst bekommen dürfte. Die Ausrüstungsgegenstände – sie sind alle im Original vorhanden – erinnern ans Mittelalter.
Beeindruckt verließen wir die „Fram" und liefen – es regnete noch immer – fünfzig Meter schräg gegenüber zum „Kon-Tiki"-Museum, in dem das Holzfloß Thor Heyerdahls, mit dem er 1947 rund 8000 Kilometer über den Stillen Ozean segelte, ausgestellt ist.
Dieses Museum ist völlig anders gestaltet. Schwache Scheinwerfer heben das Floß aus dem verdunkelten Raum heraus und schaffen eine unwirkliche Atmosphäre. Geht man eine Treppe tiefer, erblickt man

6. Die Walfangstadt Sandefjord kann eine ruhmreiche Vergangenheit vorweisen.

7. Die Wellen im Skagerrak haben eine durchaus respektable Höhe.

8. Ein Eldorado für Angler: Skagerrak Camping bei Lillesand.

„Kon-Tiki“ von unten, bedroht von unheimlichen Meerestieren wie z. B. einem ungetümen Walhai, der durch die Lichteffekte erst recht exotisches Aussehen bekommt.
Als wir schließlich nach draußen gingen, um wieder in die Fähre zum Rathausplatz zu steigen, regnete es noch immer. Ein Zustand, der sich auch am nächsten Tag nicht änderte.
Am übernächsten Tag lachte die Sonne wieder. Sofort stieg das Thermometer auf 24–25° C. Die richtige Temperatur, um nach Sørland, der norwegischen Riviera, aufzubrechen.
Auf der E 18, die stellenweise als Autobahn ausgebaut ist, wurde zügig gefahren. Hin und wieder sahen wir den Oslofjord, aber auch kleinere Seen, die fast bis zur Straße reichen. Größere Steigungen gab es nicht.
Zehn Kilometer vor Larvik, in Haukerød, folgten wir der Abzweigung nach Sandefjord, einem lebhaften Ort am Meer, kaum 3 Kilometer von der E 18 entfernt (siehe auch Abb. 6). Uns reizte das Walfangmuseum, das Ecke Museumsgata/Rådhusgata in einem unscheinbaren, grau angestrichenen Backsteinbau untergebracht ist. Wenn man nicht zweimal hinblickt, fährt oder läuft man glatt daran vorbei. Doch das wäre schade. Denn der kostenfreie Besuch ist unbedingt anzuraten.
So gibt es einen Blauwal, das komplette Skelett eines Finnwales, ein wahres Monstrum von See-Elefant, kleine und große Eisbären, alle möglichen Harpunenkanonen, Schiffsmodelle, verstaubte Fotografien, Embryos in Spiritus, einen stattlichen Seestern und Hunderte von anderen Sachen, die liebevoll von einem älteren Herrn betreut werden, der auch Ihnen höchstwahrscheinlich, nachdem er Sie darauf aufmerksam gemacht hat, daß Fotografieren verboten ist, eine von drei verschiedenen Ansichtskarten – das Stück zu 1 NKr (ca. DM 0,50) – verkaufen wird.
Vergessen Sie aber nicht, den Keller und die Empore zu besichtigen, denn auch dort sind sehenswerte Dinge untergebracht.
Nach Larvik nahmen wir die alte Küstenstraße. Überhaupt ist es empfehlenswert, nach Möglichkeit die E 18 zu meiden, obwohl man ziemlich rasch auf ihr vorankommt, dafür aber so gut wie nichts – zumindest bis Arendal – vom Meer sieht. Die alten Küstenstraßen dagegen

sind kaum befahren und landschaftlich bedeutend reizvoller. Einige für Wohnwagen enge Passagen gibt es zwar ab und zu, aber wer davor Angst hat, sollte sowieso nicht nach Norwegen fahren.
Hinter dem Abzweig nach Lillesand hieß es aufpassen, um nicht das Schild nach Brekkestø zu verpassen. Unser Campingplatz NAF Camping Skagerrak, den wir uns ausgesucht hatten, lag nämlich kurz davor.
Statt des Schildes sehe ich plötzlich, wie meinem Vordermann das aufgeblasene Boot vom Dach wegfliegt. Ich latsche voll auf die Bremse. Die vom Wohnwagen blockieren und machen aus ihm einen bokkenden, wilden Rodeo-Mustang. Meine Frau bekommt es mit der Angst zu tun. Hinter mir quietscht es bedrohlich. Ein LKW-Fahrer hat die Lage zu spät mitbekommen. Ich trete aufs Gaspedal, um nicht überrollt zu werden. Das Boot fliegt haarscharf an uns vorbei. Au weia, das hätte ins Auge gehen können. Mein Vordermann hat offensichtlich nichts bemerkt, er fährt seelenruhig weiter, obgleich ich auf die Hupe drücke.
Aber da war auch schon der Abzweig. Nach zwei Kilometern kam eine nur einspurig zu befahrende Brücke. Nach weiteren 4–5 Kilometern ein mickriges, kleines Schild, das lose gegen einen Felsen lehnte, mit der Aufschrift „Skagerrak-Camping". 100 Meter dahinter ein ebenso mickriger Pfeil nur mit der Aufschrift „Camping", der links in einen mit Schlaglöchern reich gesegneten einen Kilometer langen Schotterweg zeigt.
Der durch gewaltige Felsbrocken unterteilte Drei-Sterne-Platz machte einen gepflegten Eindruck. Er war nur mäßig belegt, vornehmlich mit Deutschen. In der Nähe des kleinen Bootshafens (siehe auch Abb. 8) stellten wir unseren Wohnwagen ab und kletterten in die Schären. In 20 Meter Höhe hatte man einen guten Überblick. Wildromantisch tat sich eine von Stürmen zerfressene, angenagte Küste auf, die an dieser Stelle fast schutzlos – denn nur noch ganz wenige Inseln sind vorgelagert – dem Meer preisgegeben ist. An etlichen Stellen krachten Brecher gegen die Untiefen.
Als wir wieder herunterstiegen, legte gerade eins der drei mit einem luftgekühlten 3-PS-Motor bestückten Holzboote an, die bei der Rezep-

tion gemietet werden können. Ich traute meinen Augen nicht. Da stieg doch einer mit einem gut und gerne 60 cm langen Fisch aus; in einer Manier, als sei's das Selbstverständlichste der Welt! Ich pirschte mich an ihn heran und fragte ihn so beiläufig, wie er denn das geschafft hätte. Er zeigte mir gelangweilt einen Pilker. Ich erschrak. Das war haargenau der gleiche, wie ich ihn bis zu diesem unglückseligen Tag in Lökholmen besessen hatte. Der brachte es also tatsächlich! Kaum hatte ich mich beruhigt, kam doch – ob Sie es glauben oder nicht – schon wieder einer mit einem Fang in ähnlicher Größe an. Das war ja nicht zum Aushalten! Nun bemerkte ich auch, daß hier fast jeder mit ein bis drei Angeln, entsprechendem Zubehör und gewichtiger Miene durch die Gegend lief. Sollte hier meine Pechsträhne aufhören?

Mein Schlaf war unruhig. Ich träumte von einem Fisch, der halbiert werden mußte, da er sonst nicht auf den Grill paßte. Um fünf Uhr rüttelte ich meine Frau wach, die tief und innig schlummerte, und erzählte ihr etwas von den Vorzügen des Frühaufstehens. Ich erntete ein gefährliches Knurren. Um sechs Uhr wiederholte ich – diesmal bedeutend zaghafter – meinen Versuch. Mit dem Erfolg, daß das Knurren noch eine Spur gefährlicher ausfiel.

Mir blieb also doch tatsächlich nichts anderes übrig, als das Boot im Schweiße meines Angesichtes alleine aufzubauen! Denn die Fische ließen mir keine Ruhe. Als ich fertig war – mit dem Boot und den Nerven –, wankte eine müde Gestalt aus dem Wohnwagen und meinte schlaftrunken, daß sie mir aber auch gerne geholfen hätte. Ich hätte ja nur etwas sagen brauchen! Gut, nicht?

Strahlende Morgensonne am blauen Himmel. Dennoch: das Wasser mit einer Sichtweite von 5–8 Metern war alles andere als warm. Und der Wind, der uns empfing, als wir mit „Donald“ die Bucht verlassen hatten, drang durch das dünne Hemd, das ich mir angezogen hatte. Eine langgezogene Dünung mit beachtenswerter Wellenhöhe bereitete allerdings keinerlei Schwierigkeiten (siehe auch Abb. 7). Gleitfahrt in allen Richtungen war möglich. Fröstelnd stellte ich in zwei Kilometer Entfernung den Motor ab. Die Aktion Fischfang konnte beginnen.

„Donald“ hebt und senkt sich, als der Wobbler, mit dem ich diesmal den Superfisch zu überlisten gedenke, in die Wogen klatscht. Doch

ich ziehe immer nur Eingeweide der zahlreichen Quallen, die in jeder Tiefe bis zur Wasseroberfläche herumschwimmen, ans Boot. Mein Optimismus schwindet langsam, zumal meine Frau bei der Schaukelei plötzlich grüne Farbe angenommen hat und ans Land will. Ich erkläre ihr den Unterschied zwischen Luv und Lee und angle weiter.
Fünf Minuten später biegt sich die Rute auf einmal. Kein Zweifel, da hat einer angebissen! Ich kann es kaum fassen, als ich die Schnur energisch einhole. Ein cirka 25 cm langer Fisch zappelt an Bord. Voller Stolz blicke ich auf das etwas magere Tierchen. Gleichzeitig höre ich ein Würgegeräusch. Meine Frau füttert die Fische? Nun aber zurück!
Eine Stunde später bruzzelte der Fang in der Pfanne. Um den Grill in Gang zu setzen, war er doch eine Spur zu klein. Schmeckte aber prima.
War es uns morgens auf dem Wasser zu kalt gewesen, so war es uns nachmittags auf dem windgeschützten Campingplatz zu warm. Wir zogen es daher vor, wieder ins Boot zu steigen – ohne Angel – und eine Inselumrundung in Angriff zu nehmen. Hört sich schlimmer an als es ist. Mit einer halben Tankfüllung kommt man dicke hin. Aufpassen muß man nur an den Untiefen.
Brekkestø, ein Minihafen mit ein paar Häusern, ist schnell erreicht. Schon hier haben die Schären, bedingt durch die geschützte Lage, ihr wildes Aussehen gegen ein fast liebliches eingetauscht. Beinahe alle sind bewaldet und Sitz meist rostbrauner Holzhäuschen mit Bootsanlegestellen. Je weiter wir kommen, je ruhiger und wärmer wird das Wasser. Bald ist das Typische des Meeres ganz verschwunden. Man meint, auf einem See zu sein. Erst hinter der hohen Sundbrücke, die wir ja schon mit dem Gespann überquert hatten, wird es unruhiger. Kurze Zeit später schlägt wieder das Herz des offenen Meeres. In Berg- und Talfahrt geht es zurück zur Bucht des Campingplatzes, an dessen vorgelagerten Felssprüngen fleißig und mit Inbrunst geangelt wird.
Als wir Brekkestø Richtung Kristiansand, nicht zu verwechseln mit Kristiansund weiter im Norden, verließen, knallte dermaßen die Sonne vom Himmel herunter, daß wir uns ans Mittelmeer versetzt

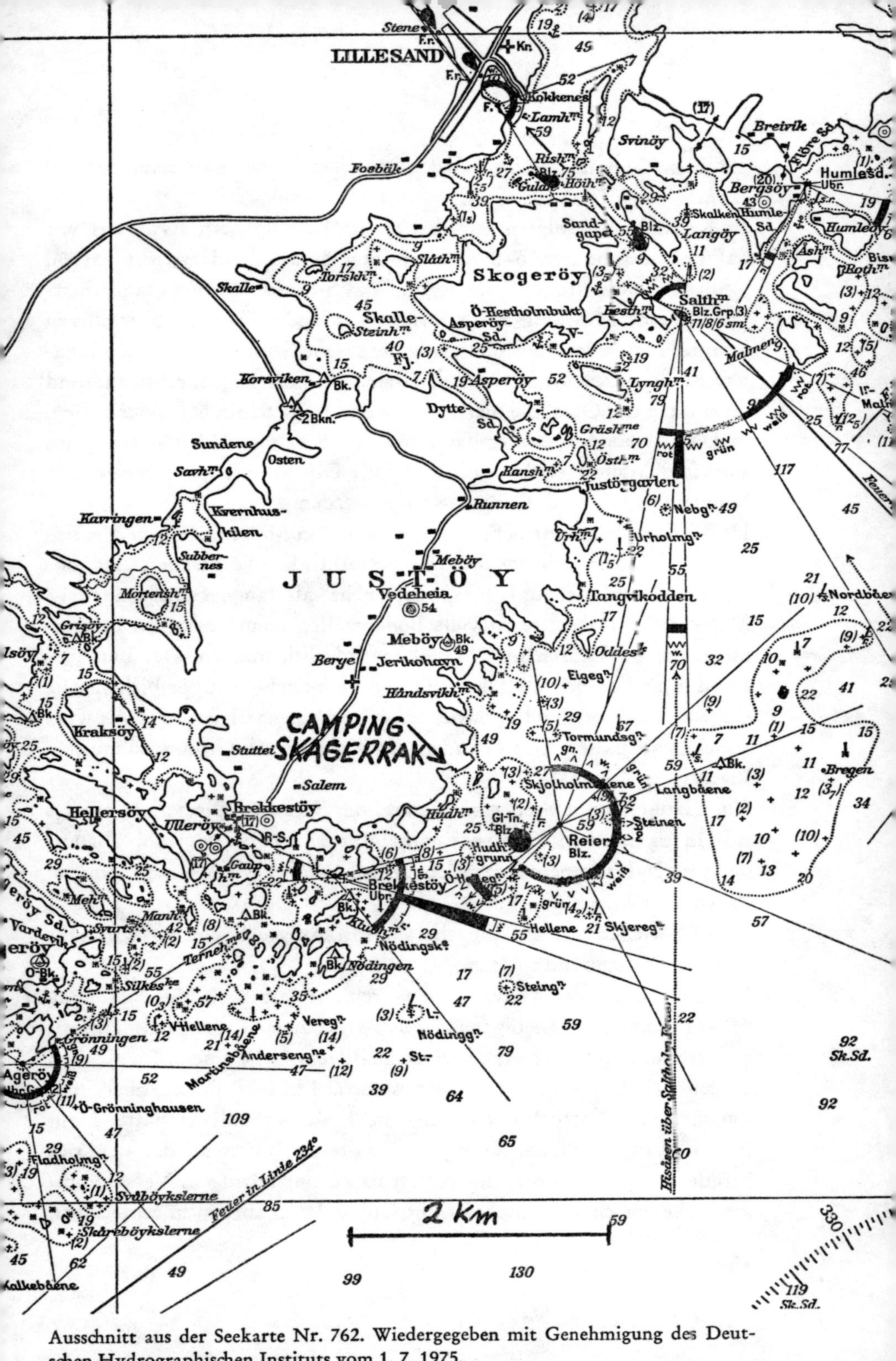

Ausschnitt aus der Seekarte Nr. 762. Wiedergegeben mit Genehmigung des Deutschen Hydrographischen Instituts vom 1. 7. 1975.

glaubten. Wer meint, im Norden müsse es immer kalt sein, der irrt eben.

In Kristiansand folgten wir der Ausschilderung nach Evje, das wir auf gut ausgebauter, 6–8 Meter breiter Straße bald erreicht hatten. Zehn Kilometer hinter Evje beginnt das Setesdal, das man landschaftlich als eine Mischung aus Schwarzwald und Alpen charakterisieren könnte. Nun wird auch die wenig befahrene Straße bedeutend schmaler. Meist durch Nadelwald schlängelt sie sich kurvenreich auf und ab entlang der Otra, die mal als breit und träge dahinfließender Strom, mal als reißender Gebirgsbach, mal als See, mal als Wasserfall ins Blickfeld kommt (siehe auch Abb. 9). Die auftretenden Steigungen können fast alle im 3. Gang bewältigt werden.

Hinter Hovden – wir befinden uns schon 725 Meter über dem Meeresspiegel – ändert sich die Szenerie beträchtlich. Die Straße steigt, obwohl es manchmal auch bergrunter geht, als lange Gerade auf 917 Meter ü. M. Dabei treten viele Bodenwellen unangenehm in Erscheinung, die ein Fahren im 2. Gang erforderlich machen. Der Baumbestand nimmt rapide ab. Übrig bleiben vereinzelte Krüppelbirken. Die Gegend wirkt öde und verlassen, aber von eigenartigem Reiz. Es wird zunehmend kälter. Wir befinden uns auf einem hochgebirgsähnlichen Plateau.

Vor Haukeligrend wiederum Wechsel der Szenerie. Die Straße windet sich in zahlreichen Kurven knapp 400 Meter tiefer, wobei Baumbestand und Temperatur ebenso schnell, wie sie vorher abgenommen haben, nun wieder zunehmen.

Im Ort stießen wir auf die vorfahrtsberechtigte E 76, der wir links Richtung Haugesund folgten.

Zwanzig Kilometer weiter – wir waren auf fast 1000 Meter Höhe ü. M. – tauchte der Osteingang des 1,6 km langen Prestegårds-Tunnels auf. Ahnungslos fahre ich mit eingeschaltetem Licht hinein. Im gleichen Augenblick bleibt mir das Herz stehen. Ich sehe nichts, aber auch rein gar nichts mehr! Als ob uns die Hölle verschluckt hätte. Mein Puls jagt in die Höhe. Krampfhaft halte ich bremsend das Lenkrad geradeaus und versuche, die Finsternis zu durchdringen. Verschwommen erkenne ich nur ein paar Lichtpunkte, kann aber nicht ausmachen,

Kirche in Bykle

wo sie sich befinden. Von meinen eigenen Scheinwerfern ist nichts zu sehen, als ob sie ausgeschaltet wären. Langsam haben sich jetzt meine von der grellen Sonne verengten Pupillen der Dunkelheit angepaßt, so daß ich schemenhaft die Umgebung wahrnehme. In dem mit dunstigen Abgasen angereicherten Tunnel – Entlüftung gibt es nicht – ist nur eine Notbeleuchtung angebracht, deren Licht ebenso wie das meiner Scheinwerfer fast vollständig von dem schwarzen, nassen Felsgestein aufgesogen wird.

Der Schreck saß mir noch in den Gliedern, als das Loch uns schließlich wieder ausspuckte. Ich kann Ihnen nur den Rat geben, im Schneckentempo dort hineinzufahren!

Eine Entschädigung bot dafür die eindrucksvolle Umgebung, die wir nun erblickten: mit Schneefeldern bedeckte, kahle Berge ragten aus einer baumlosen, nur mit blaß-grünem Moos bedeckten Hügellandschaft, in die sich zahlreiche Gletscherseen stilvoll einfügten. Einfach großartig!

Wenige Minuten später standen wir vor dem Eingang des 5,7 km langen Haukeli-Tunnels und hatten die Qual der Wahl, denn auch die alte Straße, die halb rechts Richtung Dyrskar abzweigt, kann befahren werden. Wir entschieden uns für den diesmal wesentlich besser ausgeleuchteten Tunnel und bezahlten an dem sinnigerweise 200 Meter *dahinter* stehenden Kontrollhäuschen 10 NKr (ca. DM 5,00) für die Durchfahrt.

Die serpentinenartige Abfahrt nach Røldal, die kurz darauf folgte, wird ängstlichen Mitfahrern sicherlich eine Gänsehaut einbringen, obwohl viele Ziegen die Straße säumen. Sie schließen daher am besten die Augen und machen sie erst unten wieder auf. Ein Ratschlag, den der Fahrer tunlichst nicht in Erwägung ziehen sollte, denn einige seitlich ungesicherte, enge Passagen werden seine ganze Konzentration erfordern. Aber nur ruhig Blut! Selbst Omnibusse schaffen es!

Kaum waren wir unten in Røldal mit dem beim Bremsen etwas bockigen Wohnwagen angelangt, ging es auch schon wieder bergauf.

Hinter Horda, nach knapp 10 Kilometern, hat man dann wieder die Wahl: entweder durch den 4,7 km langen Røldal- und den sich direkt dahinter anschließenden Seljestadt-Tunnel (1,3 km) oder über die

9. Die Otra – im Setesdal ein ständiger Begleiter – führt glasklares Wasser.

10. Hochplateau in der Nähe von Bygdin. Öde, aber dennoch faszinierend.

11. In Norwegen kann man Wasserfälle recht häufig bestaunen. Zu den eindrucksvollsten gehört zweifellos der Låtefossen bei Odda.

alte Straße mit tollen Ausblicken, aber vielen Kurven. Da ich bereits einen ausgeprägten Kurvenwurm hatte, entschloß ich mich für die beiden Tunnels, die gebührenfrei sind.
In Skare biegt die E 76 links über eine Brücke ab. Wir fuhren an dieser Stelle geradeaus Richtung Odda. Kaum zwei Kilometer weiter kündigten bereits Tausende kleiner Wassertröpfchen über der Straße (Scheibenwischer anstellen) einen der schönsten Wasserfälle Norwegens an. Wir hielten auf einem sich links dahinter befindlichen Parkplatz und bestaunten den sich 165 Meter tief hinabstürzenden Låtefossen (siehe auch Abb. 11). Unbedingt empfehlenswert.
Odda, am Fuße des Sørfjordes gelegen, eines Nebenarmes des Hardangers, machte einen nachhaltigen Eindruck. Inmitten der bunten Holzhäuser mit den in der untergehenden Sonne glitzernden Schindeldächern stänkerte nämlich genüßlich eine Fabrik vor sich hin! Eine Erinnerung daran, daß auch Skandinavien Industrie besitzt.
In endlosen Kurven führt die nun nicht übermäßig breite Straße am Fjord entlang, hinein in das größte Obstanbaugebiet Norwegens. Immer wieder zeigen Kinder, die ihr Taschengeld aufbessern wollen, Körbchen mit Erdbeeren und Kirschen.
In Lofthus, einem Ort mit über 100 000 Obstbäumen, von denen nicht wenige mit Plastikplanen abgedeckt sind, übernachteten wir auf dem gut ausgeschilderten Campingplatz, 40 Meter über dem Fjord. Doch auch die Plastikplanen konnten mich am nächsten Morgen bei einem Spaziergang nicht daran hindern, zur Tat zu schreiten und eine Kirsche zu klauen. Anschließend wußte ich es: norwegische Kirschen schmecken genauso wie deutsche. Nach dieser beruhigenden Erkenntnis verließen wir Lofthus wieder.
Über Kinsarvik und Eidfjord erreichten wir das Måbø-Tal. Ein Name, der falsche Vorstellungen hervorruft, denn hier geht es über eine schwindelerregende Straße mit 10 % Steigung bergauf.
Oben lädt ein recht großer mit Souvenirläden und einem Hotel angereicherter Parkplatz zum Verweilen ein. Eine Einladung, die man annehmen sollte, da in 300 Meter Entfernung Norwegens bekanntester Wasserfall, der Vøringfossen, 182 Meter tief in eine Schlucht donnert. Warum dieser Wasserfall soviel Ruhm erlangt hat, ist mir zwar schlei-

erhaft, denn wohin man auch geht, man bekommt ihn eigentlich nie so richtig zu Gesicht, aber dennoch: erleben Sie den Nervenkitzel, 182 Meter von einem nur an einer Stelle gesicherten Fußweg senkrecht in die von tosenden Wassermassen schäumende Schlucht zu schauen. Aber stolpern Sie nicht über eine der vielen Wurzeln. Sie hätten Schwierigkeiten, wieder raufzukommen!
Die anschließende Fahrt über das kahle Hochplateau war ein weiterer Höhepunkt: Seen mit tiefgrünem Wasser, Geröll aus der letzten Eiszeit, Schnee, einsame Hütten, Wanderer, ein fast ausgetrocknetes Flußbett, der Blick auf den 1862 Meter hohen Hardangerjøkulen-Gletscher, der majestätisch in der Ferne sich abhebt.
Doch im Wintersportzentrum Geilo, nur wenige hundert Meter tiefer gelegen, sah die Welt wieder ganz anders aus: geschäftiges Treiben in Alpenvorlandatmosphäre, die uns auch auf der breiten Straße nach Gol umgab. Dort steuerten wir das nur mäßig belegte Campingcenter Gol an, das fünf Kilometer aus dem Ort heraus in Richtung Nesbyen liegt.

Das im Campingführer gepriesene platzeigene Fischwasser erwies sich allerdings als Ente. Wasser in Form eines Flusses war zwar reichlich vorhanden, doch fehlten die Fische darin. Meine Frau, die es wissen muß, denn sie stocherte den ganzen Nachmittag mit der Angel darin rum, wird das jedenfalls hoch und heilig beschwören.
Von Gol fuhren wir dann die landschaftlich nicht allzu viel bietende Verbindungsstraße nach Leira, vier Kilometer östlich von Fagernes. Das erste Fünftel der Strecke war problemlos, doch wurde einem im zweiten Fünftel eine kostenlose Rüttelmassage verpaßt, wobei der Wohnwagen hinter einem sehenswerte Solotänze aufführte. Die letzten ziemlich kurvenreichen Fünftel wiesen dann eine Mixtur aus Asphalt, Schotter, Lehm und Split auf. Wenn man sich daran gewöhnt hat, gar nicht mal so übel!

Nicht als Verbindungsstrecke ansehen sollte man dagegen die Route von Fagernes nach Randen (siehe auch Abb. 10), die ich Ihnen nur ans Herz legen kann, auch wenn einige Schotterpassagen à la Sahara-Piste vorkommen. Dafür sehen Sie garantiert Ziegen, Schafe und Kühe; nicht etwa auf der Wiese, nein, mitten auf der Straße! Sie sehen in

Bygdin einen über 1000 Meter ü. M. gelegenen großen See, auf dem Sie eine Bootsrundfahrt machen können. Sie sehen glasklare Flüsse. Sie sehen grüne Felsmassive. Sie sehen Wohnwagen und Zelte, die in der weiten Hochgebirgslandschaft wie winzige Punkte ausschauen. Sie sehen schließlich, wenn Sie die Kurven nach Randen hinunterfahren, den Vågåvatn, einen See in einem milchigen Grün, das so unnatürlich aussieht, daß man es fast nicht glauben kann.

Von Randen fuhren wir die breite Straße nach Lom, die wir gleich am Ortseingang rechts über eine Brücke Richtung Grotli verließen. Diese Straße, die wieder in die Höhe führt, wird nach rund 25 Kilometern schmaler und kurvenreicher. Auch hört teilweise die Asphaltierung auf.

In Grotli waren wir wieder auf knapp 900 Meter ü. M. Schneebedeckte Berge ringsum deuteten es auch äußerlich an. Hier zweigt die schmale, verschlissene Straße (eine neue ist bereits im Bau) nach dem berühmtesten aller Fjorde, dem Geiranger, ab. Nach wenigen Kilometern hatten wir das Gefühl, auf einem Andenpfad in 5000 Metern Höhe zu sein. So unberührt erschien die Gegend und so schlecht der Weg! (Siehe auch Abb. 13.)

In Djupvasshytta, einem Drei-Häuser-Ort 17 Kilometer vor Geiranger, kuppelten wir den Wohnwagen ab und stellten ihn links auf den Randstreifen. So waren wir besser für die fünf Kilometer lange Fahrt zum 1494 Meter hohen Dalsnibba gerüstet, die an dieser Stelle gegen eine Gebühr von 12 NKr (ca. DM 6,00) pro PKW angetreten werden kann. Auf einer ausreichend breiten Schotterstraße führen zehn Kehren aufwärts zu diesem Aussichtspunkt, den man sich auf gar keinen Fall entgehen lassen sollte. Oben blies zwar ein kalter Wind, obwohl die Sonne schien, aber der Blick auf den Geiranger, auf den tief unten liegenden See mit den darin treibenden Eisschollen, auf die Spielzeugautos, die auf der schlangenartigen Geirangerstraße hinunterkrochen (siehe auch Abb. 12), ließ das schnell vergessen.

Im ersten und zweiten Gang ging es dann wieder hinunter zum Wohnwagen, um dann ebenfalls die Geirangerstraße hinunterzukriechen.

Nach 13 Kilometern – oder umgekehrt vier Kilometer vor Geiranger – sollten Sie auf ein Schild mit der Aufschrift Flydalsjuvet achten, das

links einen fünf Meter tiefer als die Straße gelegenen Parkplatz anzeigt. Hier hat man die vielleicht schönste Sicht auf den Geirangerfjord. Uns gefiel es so gut, daß wir gleich beschlossen, auf diesem Fleckchen zu übernachten.
Ein wunderbares Gefühl, gemütlich im Wohnwagen zu sitzen und das Ansichtskartenmotiv zu genießen! Mutterseelenallein und ungestört verbrachten wir die Nacht.
Um acht Uhr morgens – noch war keiner angerollt – lugten wir durch die Vorhänge, um die Lage zu peilen. Der Himmel war bewölkt, das Wasser erschien dunkel, beinahe schwarz. Kurze Zeit später kamen die ersten Schaulustigen. Immer das gleiche Spielchen lief vor uns ab: aussteigen, in Positur stellen, klick, einsteigen und ab.
Um neun Uhr rissen die Wolken auf. Die Sonne kam hervor. Durch das Fernglas schweiften meine Augen über den Fjord, dessen glattes Wasser durch ein Schiff in leichte Unruhe versetzt wurde, über den von hier oben klein wirkenden Campingplatz direkt neben den Häusern, über den Wasserfall, der sich genau gegenüber aus schneebedeckter Höhe stürzt, über die enge Schlucht, in der ein Bach hinunter zum Geiranger schießt. Ein Traum.
Ich riß mich von diesem Anblick los und marschierte hundert Meter die Straße hinunter. In der Rechtskurve kletterte ich über die Leitplanke, um zu dem überhängenden Felsvorsprung in 80 Meter Entfernung zu gehen, den man auch vom Parkplatz aus erkennen kann, der aber von den meisten übersehen wird. Falls Sie einmal ein Bild vom Geiranger mit einem hoch oben auf einem Gipfel stehenden zünftigen Bergsteiger oder einer dort sitzenden hübschen Maid, deren wohlgeformte Beine in der gähnenden Tiefe baumeln, zu Gesicht bekommen, dann wissen Sie, es handelt sich um eben diese Stelle, der man inzwischen ein stabiles Geländer verpaßt hat, so daß Sie auch Ihre rüstige Großmutter mitnehmen können.
Über Geiranger, einem 200-Seelen-Ort, lag brütende Hitze, als wir unser Gespann am Straßenrand abstellten. Gerade startete ein Wasserflugzeug, das man für Rundflüge chartern kann. Sein Dröhnen verstärkte sich an den steilen Berghängen zu einem ohrenbetäubenden Lärm. Zehn Meter über dem Wasser fliegend, entschwand es in der

Linksbiegung des Fjordes. Wenige Minuten später sahen wir es in gut 1000 Metern Höhe kreisen.
Die Fähre nach Hellesylt am anderen Ende des Fjordes, die wir eigentlich für eine Hin- und Rückfahrt (12 NKr oder ca. DM 6,00 pro Person) benutzen wollten, hatte leider gerade abgelegt. Auf die nächste hätten wir über zwei Stunden warten müssen. Das war uns jedoch bei dieser Temperatur zulange, zumal ja auch die Adlerstraße nach Eidsdal lockte.
Eine Straße, die sich als ziemlich steil entpuppte, so daß die 90 Pferdchen des Ford ins Schwitzen gerieten. Im ersten Gang schafft man es aber immer. Die sich anschließende Abfahrt nach Eidsdal am Norddalsfjord ließ nun mich ins Schwitzen geraten, da vor mir ein Volvo-Fahrer mehr Angst als Vaterlandsliebe zeigte. Mal fuhr er langsam, mal zügig, mal Schlangenlinien, mal bremste er unmotiviert. Prompt ratschte er dann auch an einer schmalen Stelle einem entgegenkommenden Audi den Kotflügel auf.
In Eidsdal gelangt man automatisch zu den Kaianlagen, an denen die Fähren nach Linge festmachen. Wir stellten uns auf eine der sieben Spuren und wurden im gleichen Augenblick von mehreren Kindern umlagert, die kleine Körbchen mit Erdbeeren verkaufen wollten. Wir konnten nicht widerstehen und erstanden zum stolzen Preis von 6 NKr (ca. DM 3,00) eine Portion.
Doch gerade als ich mir eine wahre Riesenerdbeere zwischen die Kiemen stecken wollte, nahte die wandelnde Kartenverkaufsstelle in Form einer hinreißenden Dame. Meine bereits gierig zum Hineinbeißen geöffneten Kiefer klappten wieder zu. Wohlwollend lächelte sie mich an und verlangte 28 NKr (ca. DM 14,00). Noch eine Spur wohlwollender lächelte ich zurück, während ich ihr bereitwilligst drei Zehnkronenscheine überreichte. Leicht gerührt von soviel Sympathie drehte ich mich herum – meine Frau war schnell in einem gegenüberliegenden Geschäft einkaufen –, um vielleicht einen noch verheißungsvolleren Blick zu erhaschen. Doch was machte dieses zauberhafte Wesen? Sie lächelte doch tatsächlich in der gleichen becircenden Manier den hinter mir stehenden Typ an, der in einer Schönheitskonkurrenz bestenfalls den vorletzten Platz belegt hätte. Na, so was!

Blick von der
Trollstigheim-
fjellstube

Mißmutig und in meinem Selbstwertgefühl um Jahre zurückgeworfen, hielt ich mich nun an den Erdbeeren schadlos, die alle ohne Ausnahme ein Plätzchen in meinem Bauch gefunden hatten, als meine Frau – die leckeren Erdbeeren vor Augen – zurückgeeilt kam. Sekunden später gab es eine Mißmutige mehr auf der Welt.
Doch dieser Zustand sollte nicht lange anhalten, denn schon hatte ein Franzose, der mit verzückter Miene um unseren Triton kreiste, unsere Aufmerksamkeit erregt. Als er zurück zu seinem Peugeot 204 ging, sahen wir, daß das kleinste Brüderchen des Triton, ein Puck angehängt war. Dann mußten wir – wir standen an erster Stelle – auf die Fähre fahren. Dort sprach er mich dann, die glänzenden Augen auf den Triton gerichtet, an. Ob wir denn ganz alleine in diesem „riesigen" Caravan führen? Hatte er da nicht gerade etwas von einem „riesigen" Caravan erzählt? Unserem Caravan? Mir fehlten die Worte vor soviel Ehre. Aber auch, weil meine Französisch-Kenntnisse einer festgerosteten Schraube ähnelten. Radebrechend antwortete ich ihm schließlich, daß dem so sei. Er konnte es nicht fassen!
Stolz wie ein Pfau – den riesigen, 3,92 Meter langen Caravan im Rücken – fuhr ich in Linge als erster durch den Bug wieder raus.
Die fünf Kilometer bis Valldal legte ich würdevoll wie der Chauffeur eines Rolls-Royce zurück. Dann fiel mir ein, daß ja der Trollstig, die berühmt-berüchtigte Serpentinenstraße runter nach Åndalsnes, bevorstand.
Schlagartig wurde ich nüchtern. Sollte die tatsächlich so kriminell sein, wie immer erzählt wird? Auf ziemlich harmloser Straße begannen wir erst einmal den Aufstieg bis in 850 Meter Höhe. Dort, bei der Trollstigheimfjellstube, legten wir eine Pause ein. Die Aussicht ringsum war fantastisch. Besonders zwei nebeneinander stehende Berge, die wie Zuckerhüte bis zu 1500 Meter hinaufragen, gaben Anlaß, in ein langgezogenes „Aaahh" auszubrechen.
Drei Kilometer weiter beginnt der eigentliche Trollstig. Fahrtechnisch gibt er – entgegen allem Gerede – keine größeren Probleme auf. Beeindruckend ist er dennoch, vor allem, wenn man mitten in der Abfahrt über die schmale, 30 Meter lange Brücke schleicht, unter der der beinahe senkrecht fallende Stigfoss durchdonnert, so daß der Wagen vom

Wassernebel erfaßt wird. Unmittelbar hinter dieser Brücke befindet sich übrigens links eine größere Ausweichstelle, die man dazu benutzen sollte, um von hier ein tolles Foto zu schießen. Aber wagen Sie sich nicht dabei zu weit auf die losen Felssteine. Es könnte ins Auge gehen!

Nach einer Viertelstunde stießen wir fünf Kilometer östlich von Åndalsnes auf die breite, fast flach verlaufende E 69 nach Dombås. Eine richtige Erholung! Das Tal, in dem wir die unterschiedlichen Gesichter der Rauma, einem bekannten Lachsfluß, schnell kennengelernt haben, denn immer wieder kommt sie in Sichtweite, könnte auch in Österreich liegen. In gut zwei Stunden waren wir in Dombås.

Hier trafen wir wieder auf die Europastraße 6, die wir in Oslo verlassen hatten. Der Verkehr nahm spürbar zu. Kein Wunder im Grunde, denn die E 6 ist die meistbefahrene Straße Richtung Nordkap. Im direkten Vergleich etwa zur Autobahn Köln–Frankfurt oder Nürnberg–München müßte man sie allerdings mit „praktisch leer" bezeichnen.

Nach einigen Kilometern Steigung tut sich ein weites Hochgebirgsplateau auf, das befreiend auf den wirken wird, der sich längere Zeit in der Enge der Fjordlandschaft aufgehalten hat. Etwa 25 Kilometer weiter verliert sich dieser Landschaftscharakter. Es wird wieder hügeliger. Schließlich schneidet sich die Driva, ein Fluß, der neben der Straße verläuft, in die Magalaupet-Schlucht ein, in der gerade noch Platz für die Straße und die Eisenbahnlinie nach Trondheim ist.

In aufgelockerter, waldreicher Umgebung legten wir dann die restlichen Kilometer bis Trondheim zurück.

Es war 20 Uhr, die Sonne stand noch hoch am Horizont und strahlte fast unvermindert Wärme aus, als wir diese Stadt erreichten. Leider bot der Campingplatz NAF Camping Leangen, zwei Kilometer östlich der Stadt, ein trostloses Bild. Er glich einem Abstellplatz.

In Malvik, zehn Kilometer weiter Richtung Stjørdal, machten wir schließlich Station. Camping Vikhamar gab – trotz kleinerer Mängel – einen wesentlich passableren Eindruck ab. Als wir gegessen hatten, war es 22 Uhr. Von Dunkelheit noch immer keine Spur. Es kamen einem Zweifel an der Uhrzeit. Doch die stimmte. Dafür ein reges

12. Vom Dalsnibba hat man einen sagenhaften Ausblick in alle Richtungen, so auch auf die Geirangerstraße, die nicht überall asphaltiert ist.

13. Wer von Grotli das schmale Sträßchen nach Geiranger fährt, kommt an diesem Gletschersee vorbei, in dem selbst Ende Juli Eisschollen treiben.

14. Einladende Geschäfte gibt es viele in Trondheim, einer Stadt, von der ein seltsamer Zauber ausgeht.

Treiben auf dem Campingplatz, der gewissenhaft von einem Kontrolleur mit umgehängtem Geldbeutel auf Nichtzahler hin abgesucht wurde.
Der nächste Tag brachte eine Gluthitze, die den Schweiß in Strömen fließen ließ. Kein Lüftchen rührte sich. Und das auf einem Breitengrad, der auch durch Alaska verläuft! Über den zehn Meter tiefer gelegenen Bahndamm gelangten wir ans Wasser, das an diesem Tage angenehm temperiert war. Ein Bad verschaffte nur kurzzeitig Linderung, denn wir wollten die Stadt besichtigen.
Nicht mit einem Auto, sondern mit einem Brutkasten in voller Aktion fuhren wir nach dem Mittagessen los. Als Grillhähnchen stiegen wir am Aquarium wieder aus. Es liegt (montags übrigens geschlossen) rund drei Kilometer westlich der Stadt Richtung Byneset. Diesen Wegweisern waren wir bis zu einem weißen Schild mit der schwarzen Aufschrift „Biologisk Stasjon Akvarium“ gefolgt. Schon 8–10 Meter dahinter zweigt rechts ein unscheinbarer Sandweg ab, den man von der Straße aus kaum erkennen kann. Wenn Ihre Frau sagen sollte: „Nein! Da kann es doch niemals runtergehen!“, dann sind Sie an der richtigen Stelle. Nach 200 Metern steht man auf einem kleinen, dort nie vermuteten Parkplatz.
Der Eintritt ist frei. Zu sehen bekommt man 20 Aquarien, die hinter rot lackierten Brettern in einem einzigen relativ kleinen Raum untergebracht sind. Gar schaurig anzusehen sind dabei vier oder fünf fast einen Meter lange Seewölfe, die, mit Fang- und Mahlzähnen ausgestattet, unbeweglich auf dem Boden liegen und einen anstarren. Meine Frau erklärte jedenfalls spontan, Sie würde die Leine kappen, falls ich jemals auf die Idee kommen sollte, solch ein Vieh zu angeln. Nachdem ich sie beruhigt hatte, konnte unser eigentlicher Stadtbummel beginnen (siehe auch Abb. 14).
Wer nun meint, Trondheim sei ein kleines, verträumtes Fischernest, irrt gewaltig. Hier pulsiert echtes Großstadtleben! Man ist immerhin in Norwegens drittgrößter Stadt. Einer ungemein farbenfrohen Stadt, von der ein Reiz ausgeht, dem jeder, ob er will oder nicht, erliegt. Auch mir erging es so. Ich versuchte, zu ergründen, warum. Lag es an den vielen Geschäften, die, obwohl gelb, rot oder blau an-

gestrichen, dennoch nicht kitschig wirkten? Oder an der Mischung aus bunten Holzhäusern und den massiven, mehrstöckigen, verschnörkelten Steinpalästen, denen man es ansehen konnte, daß im Winter ein rauhes Klima ihnen zusetzte? Oder an dem hektischen Treiben der aufgekratzten Leute, die die wenigen Stunden des hier kurzen Sommers auskosten wollten? Oder an den Klängen, die drei junge Leute mitten auf der Nordregata einer Geige, einer Gitarre und einem Akkordeon entlockten? Oder lag es etwa an der Sonne, die alles in ein unnatürliches, helles, milchiges Weiß tauchte, selbst abends? Eine Antwort fiel mir schwer. Jedenfalls war ich fasziniert.
Daran konnte auch der folgende Regentag nichts ändern.

Dem Polarkreis entgegen

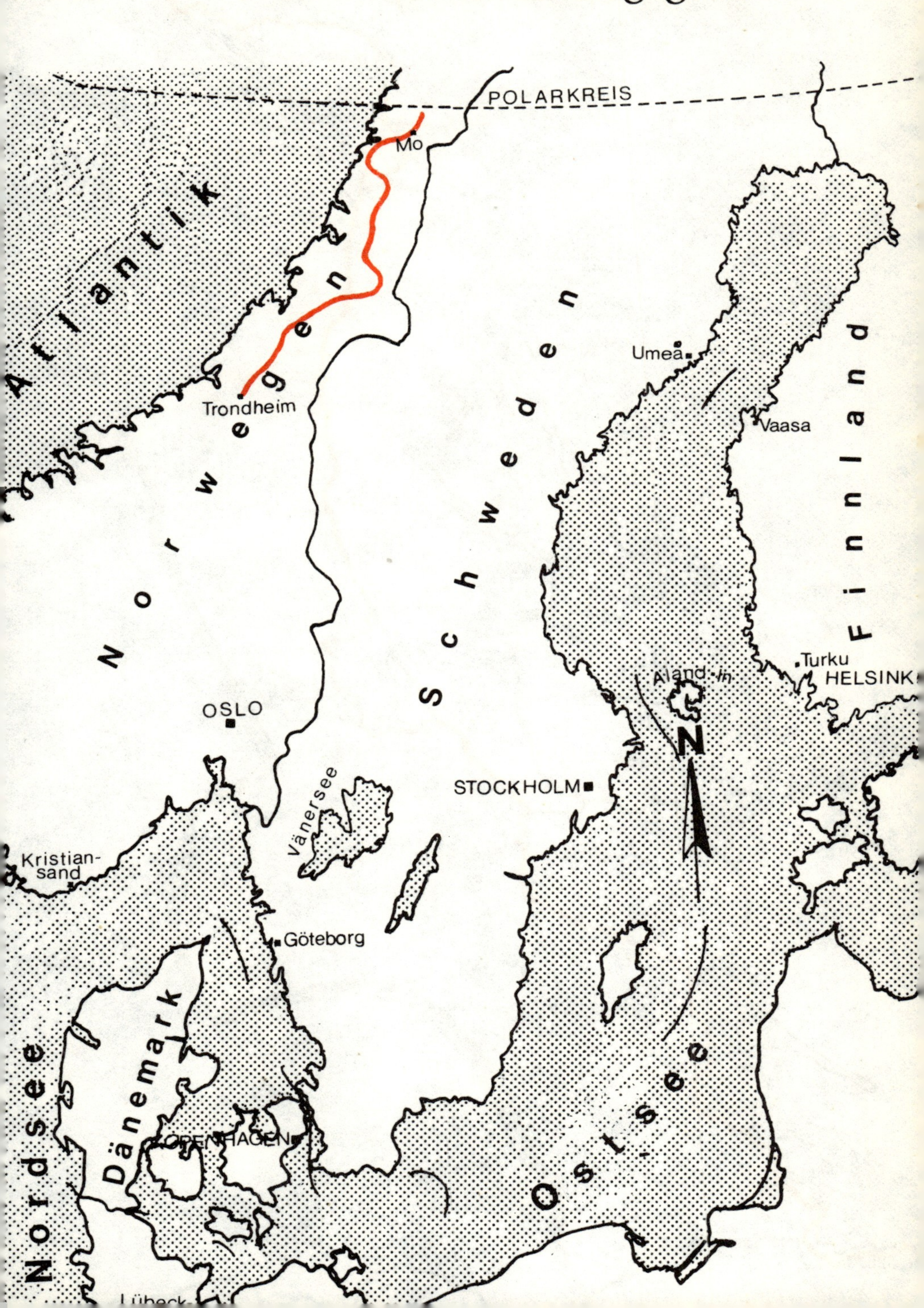

POLARKREIS
Mo i Rana
Nesna
Lavong
Elsfjord
Sandnes-
jøen
Mosjøen
Trofors
Majavatn
Namsskogan
Gjersvik
TUNNS-
JØEN
Lassemoen
Skorvatn
Steinkjer
Trondheim

Die Sonne wußte nicht so recht, was sie machen sollte, als wir um acht Uhr morgens den Campingplatz bei Trondheim verließen. Mal lugte sie vorwitzig zwischen den Wolken hervor, mal verkroch sie sich. Auf jeden Fall war es schlagartig kälter geworden, so daß ich im Auto auf Befehl meiner Frau zum ersten Mal die Heizung anstellen mußte.

Dennoch: wer glaubt, nördlich Trondheim sei die Welt zu Ende oder zumindest unwirtlich und abweisend, der irrt. Und zwar gehörig.

Uns umgab nämlich eine Landschaft, die auch 1000 Kilometer weiter südlich hätte liegen können. Wir fuhren vorbei an saftigen, grünen Weiden, an Kornfeldern, an Bauernhöfen, an Kartoffelbeeten. Nichts deutete darauf hin, daß der Polarkreis nur noch cirka 350 Kilometer Luftlinie entfernt war.

Die E 6 war breit, ohne größere Steigungen und wenig befahren. Wir kamen daher schnell voran. Hinter Steinkjer begann es zu nieseln. Die Sonne war von tiefhängenden Wolken, die auf den Bergen lagen, endgültig verdrängt worden. Schade! Denn so bot der Snåsavatn, Norwegens sechstgrößter See, an dem wir auf nun welliger, schmalerer Straße entlanghoppelten, einen doch tristen Anblick. Es verschwanden auch langsam die Felder und Wiesen. An ihre Stelle traten Nadelbäume, die sich in den nun karger und felsiger werdenden Boden krallten.

Als wir die E 6 in der Nähe von Gröndalselv Richtung Skorovatn verließen, hatte der Nieselregen aufgehört, doch die dichte Wolkendecke hielt allen Versuchen der Sonne stand, sie zu durchdringen. Die 4–5 Meter breite Asphaltstraße, auf der wir einen Abstecher zum fischreichen Tunnsjøen machen wollten, war wie ausgestorben. Nach zehn Kilometern Fahrt stellten wir uns auf einen verbreiterten Randstreifen hin, da pünktlich um zwölf Uhr mittags unsere Mägen knurrten. Während die Bratkartoffeln in der Pfanne komische Zischlaute von sich gaben, zählte ich – oh welch aufregende Tätigkeit – die vorbeifahrenden Autos. Ergebnis: Vier Stück in zwanzig Minuten.

Hochebene vor dem Polarkreis

In Skorovatn, einem wahrlich gottverlassenen Nest, zweigt dann die Straße links ab. An dieser Stelle befindet sich ein Geschäft, wahrscheinlich das einzige weit und breit, in das wir hineinstolzierten. Ich muß schon sagen: ein sagenhafter Laden. Egal, ob man Wolle, ein Buch, einen Tisch, Grillkohle, einen Spaten, Leim, Pudding, einen Kerzenleuchter, eine Rassel, ein tiefgefrorenes Hühnchen oder einen BH kaufen wollte: man brauchte nur zuzugreifen. Das tat meine Frau auch reichlich.

Desermaßen bestens für den „Wildnisaufenthalt" ausgerüstet, zockelten wir den bildschönen See entlang (siehe auch Abb. 16), in der Hoffnung, ein ansprechendes Plätzchen, das auch „Donald" gefallen sollte, ergattern zu können. Doch Pustekuchen! Entweder wir waren blind gewesen oder es gab einfach keine für „Donald" geeignete Stelle. Aus der Traum von den auf dem Grill liegenden Lachsforellen, die wir bei untergehender Sonne am lauschigen See vertilgen wollten.

Wir trösteten uns damit, daß Skandinavien ja noch über 200 000 andere Gewässer zu bieten hat und pilgerten dafür fast am Ende des Tunnsjøen zu einer Baumstumpfsiedlung hin, die 100 Meter rechts der Straße, am flachen Ufer gelegen, unser Interesse erregt hatte. In bizarren Formen strebten die vertrockneten Wurzeln von den Stümpfen weg, die hier massenhaft herumlagen. Sah richtig gut aus. Auch alle möglichen Mineralien entdeckte meine Frau, von denen sie sich gleich ein paar in die Tasche steckte, weil sie so schön glitzerten.

Ab Gjersvik hörte die Asphaltstraße auf. Aber der 5–6 Meter breite kurvenreiche Schotterweg war mindestens genauso gut. Plötzlich mußten wir unser 70-km/h-Tempo bis zum Stillstand drosseln. Vor einem Tunneleingang lagen Dutzende von Schafen, entweder mitten auf der Fahrbahn oder links und rechts an den Randsteinen gelehnt (siehe auch Abb. 15). Friedlich dösten sie dahin, machten aber so gut wie keine Anstalten, das Terrain zu räumen. Im Zeitlupenslalom kämpfte ich mich bis zum Tunnel durch, wobei mich der Leithammel giftig angraunzte.

Als wir den zwei Kilometer langen Tunnel passiert hatten, sah die Umgebung irgendwie kühler aus. Geradeaus fiel unser Blick auf weitentfernte, schneebedeckte Berge, die sich von den mit Tümpelseen

durchsetzten, spärlich bewaldeten Hügeln absetzten. Doch schon nach wenigen Kilometern – es ging langsam, aber stetig bergab – wurde die Landschaft wieder freundlicher. Bei der ersten Häusergruppe stand dann ein Wegweiser mit vier Holzlatten, von denen eine spitz rechts zurück nach Namsskogan zeigte. Nach einer Viertelstunde lag die „Wildnis", die echt wohltuend gewirkt hatte, hinter uns.
Uns nahm die E 6 wieder in Empfang. Und wie! Denn Bodenwellen in allen Variationen stellten unsere Bandscheiben auf eine harte Probe. Starr und verkrampft hockten wir in dem hüpfenden, wippenden und schlagenden Ford und dachten mit Wehmut an die Zeiten zurück, als noch der pottebene Schotterweg von Gjersvik unter uns durchlief.
So kam es auch, daß wir von der aufgelockerten, sanften Landschaft, die besonders hinter Majavatn durchaus ansprechend war, nicht allzu viel mitbekamen. Und nur so ist es wahrscheinlich auch zu erklären, daß wir einige Kilometer hinter Trofors am Laksfoss standen, einem 16 Meter hohen Wasserfall mit Lachstreppe, und verzweifelt nach dieser verflixten Treppe Ausschau hielten. Vergebens!
15 Kilometer vor Mosjøen ruhten wir endlich unsere geschundenen Körper auf Ravatseng-Camping aus, einem winzigen Platz direkt neben der E 6 an einem fast kreisrunden See. Rezeption gab es nicht. Nach drei Stunden rückte die Bäuerin vom gegenüberliegenden Hof an und drückte einem einen Zettel in die Hand, worauf u. a. der handgeschriebene Übernachtungspreis stand. Mit 10 NKr (ca. DM 5,00) war man dabei. Absoluter Discountpreis! Dabei gab es alle gängigen Einrichtungen – wenn auch nicht die modernsten –, selbst Strom. Auch konnte man nach Herzenslust den Fischen nachstellen, die sich jedoch nur in sicherer Entfernung vom Ufer aufzuhalten schienen.
Nachdem wir am nächsten Morgen mit eiskaltem Wasser unsere Lebensgeister wieder erweckt hatten, konnte die Fahrt bei wechselhaftem Wetter und 18° C weitergehen. Mit eingeschalteter Heizung gelangten wir in das in einem Talkessel liegende, industriereiche Mosjøen, das wir am Ortsausgang über einen fünf Meter breiten, direkt am Vefsnfjord verlaufenden, angenehm zu befahrenden Schotterweg Richtung Sandnesjøen verließen. Drei Kilometer nach der Abzweigung Richtung Elsfjord mündete der Weg in eine herrliche Asphaltstraße, auf

15. Damit muß man nicht nur auf abgelegenen Straßen rechnen.

16. Ein See zum Verlieben: der Tunnsjøen. Er liegt abseits der E 6 von Trondheim nach Mo i Rana.

17. Der Polarkreis besitzt für nicht wenige Skandinavienurlauber magische Anziehungskraft.

der wir einzigartige Ausblicke auf den Fjord, der von steil aufragenden kahlen Bergen eingerahmt wird, genossen. Aber nicht nur auf den Fjord, sondern auch – vom folgenden Schotterweg – auf pastellfarbene Fischerhäuschen mit Ruderbooten, die eher zur Zierde denn als Gebrauchsgegenstand im spiegelglatten Wasser ankerten.

Am Ende der Straße folgten wir rechts der Beschilderung nach Mo i Rana, bogen jedoch zehn Kilometer weiter in Låvong wieder links Richtung Bodø ab, um zu der Fähre nach Nesna zu gelangen. Als wir an der verlassen wirkenden Anlegestelle angekommen waren, stellten wir uns rechts auf eine der beiden Spuren hin und studierten den an einer Holztafel angebrachten Fahrplan. Sieben Fähren am Tag hatte man zur Auswahl. Die nächste ging in zwei Stunden. Genug Zeit, um sich in den Wohnwagen zurückzuziehen und dort ein Kännchen heißen Kaffee aufzubrühen, denn die Außentemperatur lag bei ca. 15° C. Außerdem fisselte es. Zwar nicht viel, aber dennoch.

Mit der Zeit sammelten sich rund 15 Autos hinter mir. Dann rauschte das Schiff an. Ich fuhr in das Heck rein bis zu dem hydraulisch hochklappbaren Bug und begab mich sodann in den Salon, in dem auf länglichen Lederbänken, vor denen kleine Tische am Boden festgeschraubt waren, eine bunt zusammengewürfelte Gesellschaft von rund 40 Köpfen saß. Hier bekam man dann auch von einem auf Cowboy getrimmten Endzwanziger die Fährtickets verpaßt, was uns um 34 NKr (ca. DM 17,00) erleichterte.

Nach 25 Minuten legten wir in Nesna an, wo wir durch den hochgeklappten Bug das Schiff, das nun einem Wal mit weit aufgerissenem Maul ähnelte, verließen. Vor uns lag eine der schönsten Strecken in ganz Norwegen: die Verbindung von Nesna nach Mo i Rana.

Leider hatten wir Schwierigkeiten, sie auch angemessen zu würdigen, denn die Wolken, aus denen permanent haarfeine Tröpfchen herabrieselten, lagen kaum mehr als zwanzig Meter über dem Fjord, so daß die Sicht so ziemlich in alle Richtungen versperrt war. Nur schemenhaft konnten wir, als wir auf dem Schotterweg an Höhe gewonnen hatten, die weiter als einen Kilometer entfernte Umgebung ausmachen. Jammerschade, denn einige lichte Stellen ließen eine tolle Gegend erahnen.

Mo i Ranas Fabrikschornsteine dagegen, aus denen weißer wie bläulicher Rauch kerzengerade gen Himmel stieg, waren uns auf den letzten Kilometern ein steter Wegweiser. Ein Anblick, den wir auch auf dem gut ausgeschilderten, knapp halb belegten Campingplatz NAF Camping Revelen – ein Kilometer östlich der Stadt Richtung Tärnaby – nicht loswurden.

Wir waren jetzt nur noch cirka 20 Kilometer Luftlinie, bzw. 80 Kilometer über die fünf Meter breite E 6, vom Polarkreis entfernt. Anlaß genug, um uns am frühen Morgen des nächsten Tages – bei Nieselregen und 10° C – dorthin in Bewegung zu setzen. Den Wohnwagen ließen wir auf dem Platz zurück. Warum sollten wir ihn auch mitschleppen? Die 160 Kilometer hin und zurück waren schließlich ein Klacks. Zudem brachte es den Vorteil, daß wir nun, da die Deichsel als Hebelarm fehlte, die Bodenwellen entschieden besser abreiten konnten. 80 km/h, die erlaubte Höchstgeschwindigkeit, war spielend drin.
Schon nach gut einer Stunde Fahrt, meist durch hügeliges Waldgebiet, das erst nach über 70 Kilometern von einer baumlosen Hochebene abgelöst wurde, hatten wir den nördlichsten Punkt unserer Reise, den Polarkreis vor Augen.

Wir stellten den Wagen auf dem knapp 100 Meter langen, 5–6 Meter breiten Randstreifen ab und liefen in das dahinter stehende, längliche Holzhaus. Drinnen bollerte ein mit Holzscheiten gefütterter Kanonenofen gegen die Kälte an, was ihm jedoch nur höchst unvollkommen gelang. Schon in drei Metern Entfernung klapperten einem die Zähne, so daß wir uns schleunigst am Büfett als Gegenmaßnahme eine Tasse heißen Kaffee und ein mit Ei belegtes Butterbrot besorgten.
So gewappnet ließen wir uns an einem der Holztischchen nieder und schrieben eine nicht unbeträchtliche Anzahl von Ansichtskarten, die man hier ebenfalls erwerben kann und denen als besonderer Clou kostenlos ein spezieller, nicht zu übersehender Polarkreisstempel von zarter Hand aufgedrückt wird. Diese solchermaßen verzierten Karten landeten dann sogleich in dem dort hängenden Briefkasten.

Aber was wäre der Polarkreis ohne das „Polarcertificat"? Selbstverständlich ließ ich mir auch eins gegen eine Gebühr von 5 NKr (ca.

POLARCERTIFICATE

ISSUED UPON CROSSING THE **ARCTIC CIRCLE–NORWAY** TO

MR. ~~MRS.~~ ~~MISS~~ Jürgen Lankers

and is therefore given the Freedom of the ARCTIC CIRCLE, with all rights and privileges thereto pertaining, to henceforth enjoy without let or hindrance

His majesty Jack Frost,
King of the Arctic, Emperor of blizzards and Lord of a million snowflakes, herebye declares that the crossing was made this 3rd day of the month of August in the year 1975

Jack Frost

WITNESS [illegible]

WITNESS Inger Breivik

DM 2,50) ausstellen. Was meinen Sie, welchen Eindruck Sie damit schinden können! (Siehe auch Abb.)
Fünfzig Meter hinter diesem einsam in der Wildnis stehenden Souvenirladen verläuft dann der Polarkreis symbolhaft als weiß gestrichelte Linie über die Straße (siehe auch Abb. 17). Irgendein Witzbold hatte übrigens „Äquator" daneben geschrieben. Ich beobachtete, wie die Leute auf diese gestrichelte Linie reagierten: einer schlenderte betont lässig auf die andere Seite, eine Frau traute sich nicht so recht, ein anderer marschierte forschen Schrittes darüber, wieder ein anderer stand mit gesenktem Haupte und gefalteten Händen – wie in der Kirche – davor. Also, wenn es nicht so kalt gewesen wäre, ich hätte mir glatt den Campingstuhl aus dem Auto geholt und mich dorthin gesetzt. So lustig war es!
Zum Abschluß der Stippvisite kletterte ich schließlich die angrenzende Böschung hinauf, auf der unzählige Türmchen aus übereinandergeschichteten Steinen von *den* Touristen zeugten, die sich auf diese Art ein Denkmal gesetzt hatten. Die meisten dieser Kunstwerke waren cirka 50–80 Zentimeter hoch, aber einige mannshohe ließen unschwer darauf schließen, daß auch echte Wüteriche und Berserker am Werke gewesen sein mußten. Dazwischen turnte ich herum. Als ich jedoch auf einem glitschigen Stein der Länge langs ausrutschte und dabei – Halt suchend – einem solchen Denkmal um den feuchten Hals fiel, hatte ich die Nase voll, zumal im gleichen Augenblick meine Frau, die das vom Auto aus mitbekommen hatte, lauthals vor Vergnügen aufwieherte.
Schmutzig, durchfroren und durchnäßt sann ich auf Rache, während ich im forcierten Tempo – meine kichernde Frau neben mir – zum Campingplatz zurückeilte. Doch leider fiel mir nichts Passendes ein.
In Mo i Rana angekommen, wurde ich dann – zur Ehre meiner Frau sei's gesagt – durch ein besonders schmackhaftes Mittagessen wieder gnädiger gestimmt.
Eine danach angetretene Fahrt durch die Stadt überzeugte uns schnell davon, daß es hier nicht viel zu sehen gab, so daß wir uns bereits auf die Lappenstraße oder, wie sie auch genannt wird, die „Blaue Straße" freuen konnten, die unweit südöstlich von Mo i Rana beginnt.

Die „Blaue Straße"

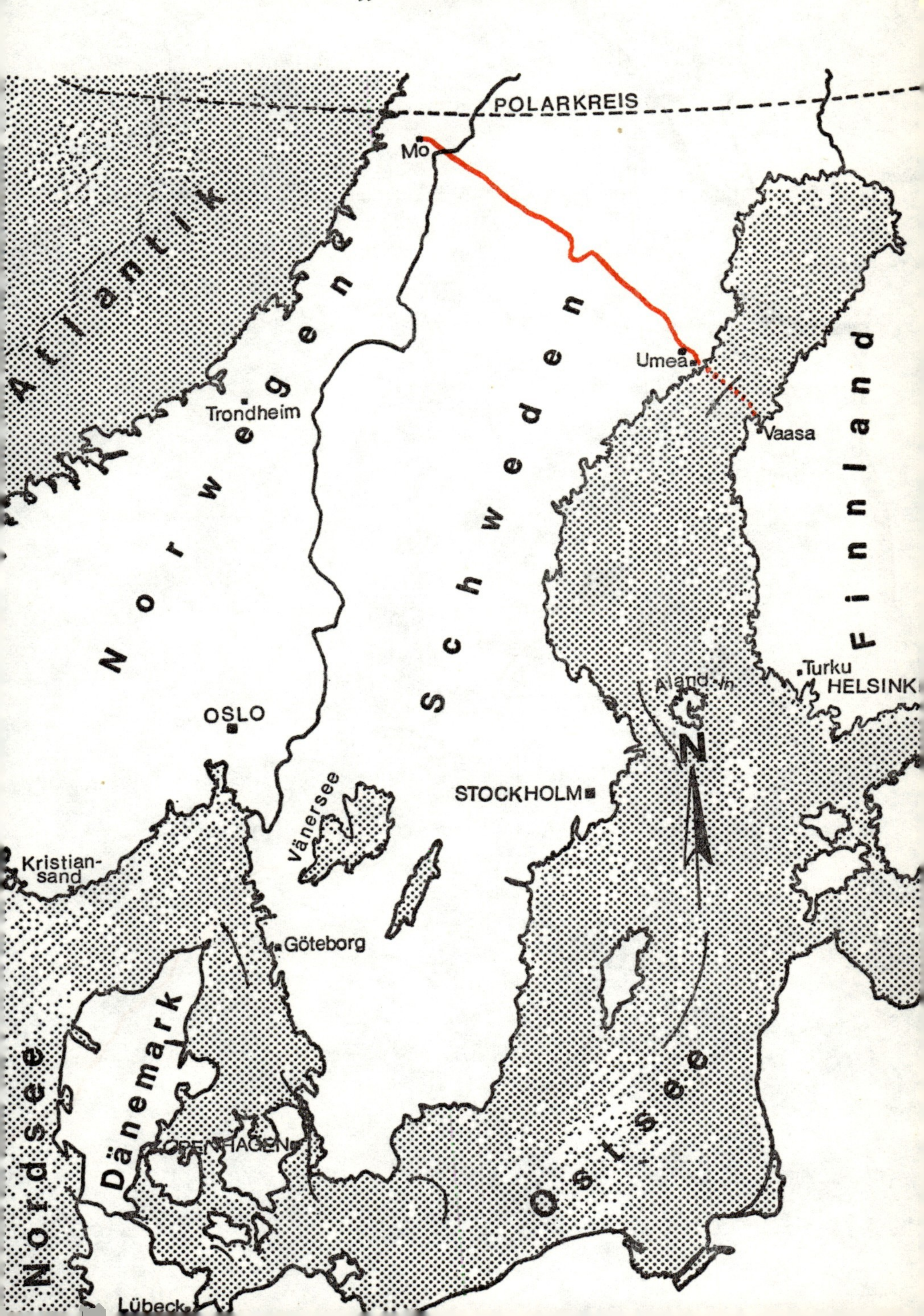

POLARKREIS
Mo i Rana
Västansjö
Tärnaby
SCHWEDEN
Storuman
Gunnarn
Skarvsjö
Norrbyberg
Norrbäck
Vilhelmina
Lycksele

Wir hatten Mo i Rana Richtung Tärnaby verlassen. Im zweiten und dritten Gang erklommen wir auf der nagelneuen Straße, der man dafür gleich den Rang einer Europastraße (E 79) verliehen hat, in leichten Kurven wieder eine Höhe von 650 Metern ü. M. Die Aussicht von oben war allerdings recht bescheiden, da Petrus seine Regenwolken noch immer nicht zurückgerufen hatte.
Die von Mo i Rana 40 Kilometer entfernte schwedische Grenze, die wir kurz darauf erreichten, sah absolut nicht wie eine solche aus. Das winzige ehemalige Zollhäuschen war zu einem Souvenirladen umgestaltet worden und nur an einem unbedeutenden Schild mit der Aufschrift „Sverige Riksgräns“ und einem Grenzstein konnten wir erkennen, daß Norwegen nun hinter uns lag.
Drei Kilometer weiter mündete die E 79 in eine Baustelle. Dann kam wieder die Straße. Dann wieder die Baustelle. Dann ein Schotterweg. Dann wieder die Baustelle und so weiter, und so weiter. Diese muntere Abwechslung wurde einem bis Västansjö geboten. Von dort war die E 79 – abgesehen von sporadischen Bodenwellen – über jeden Zweifel erhaben (siehe auch Abb. 19).
Und was viel, viel wichtiger war: die Wolken rückten in immer größere Höhen. Sie wurden weißer und weißer, dabei lichter und lichter, so daß die heißersehnte Sonne wieder hervorkam. Wir schickten ein Dankgebet zum Himmel und kurbelten die Fensterscheiben herunter, um die 25° C, die es nun waren, auch hereinzulassen. Ein wonniges Gefühl durchströmte uns. Ein Gefühl, das meine Frau sofort dazu veranlaßte, lauthals krächzend ein Fragment des Liedes „Von den blauen Bergen kommen wir“ anzustimmen. Als dann meine – natürlich bedeutend klangvollere – Stimme hinzukam, schloß ich vorsichtshalber im nächsten Ort wieder die Seitenscheiben, um nicht mit Steinen beworfen zu werden. Schließlich soll es ja Leute geben, die kunstvoll dargebotenen Gesang nicht zu würdigen wissen. Aber letztlich waren die Berge, auf die wir blickten, ja tatsächlich in ein Dunkelblau gehüllt.

Unerschütterlichen Mutes – die erste Strophe zum 27. Mal auf den Lippen – ging's hinter dem Ort mit geöffneten Fensterscheiben weiter, vorbei an lichtem Nadelwald, an einzelnen Holzhäusern, an blauen Seen mit bewaldeten Inselchen darin, an Kiosken mit Rentierfellen, an Kühen auf der Straße, an entwurzelten Bäumen. Über uns einige weiße Wolken, die wie ausgefranste Pfannekuchen aussahen. Morgens kam alle fünf Minuten, nachmittags alle zwei Minuten ein Auto entgegen.
Zwei Kilometer hinter Storuman, einem zersiedelten Dorf, bogen wir Richtung Vilhelmina ab, um einen Abstecher ins Ungewisse zu unternehmen. Nach 15 Kilometern passierten wir das Ortsschild von Skarvsjö und folgten dort dem Hinweisschild nach Norrbäck. Über einen fünf Meter breiten Schotterweg, der ein Kilometer danach begann, fuhren wir in die Einsamkeit. Nachdem wir diesen Schotterweg gegen einen anderen links ab Richtung Gunnarn eingetauscht hatten, fuhren wir an einem etwas zurückgelegenen Haus vorbei. Unmittelbar dahinter machte der Weg eine scharfe Rechtskurve, die auch durch zwei Kurvenwarnbaken angedeutet ist. Fahren Sie hier nicht geradeaus. Sie wären falsch!
Der Anblick, den wir in uns aufnahmen, wechselte ständig. So erfreuten uns fliederfarbene Heidesträucher. Verdorrte Bäume. Mal dichte, mal lichte Nadelwälder. Freie Ausblicke von einer nur mit Moos und Unterholz bewachsenen Ebene bis in zehn, zwanzig Kilometer Entfernung. Und nicht zu vergessen ein schönes Plätzchen an einem Stausee, das wir zu einer ausgedehnten Rast benutzten. Wobei meine Frau gleich zentnerweise Blaubeeren auf der angrenzenden Böschung pflückte. Als ich sie neugierig fragte, ob sie einwecken wolle, kam nur ein kurzes „Die eß' ich alle alleine auf!" zurück. Das tat sie dann auch. Bis zum Platzen. Ehrlich, bis zu diesem Augenblick hatte ich keine Ahnung davon, daß meine Frau so wild auf Blaubeeren ist. Sie hätten sie anschließend mal sehen müssen. Als ob sie in einen Farbtopf gefallen wäre!
Zwei Kilometer östlich von Gunnarn gelangten wir dann – nur ein Auto war uns begegnet – wieder auf die E 79. Nachdem ungefähr die Hälfte der Strecke bis Lycksele zurückgelegt war, verließen wir sie

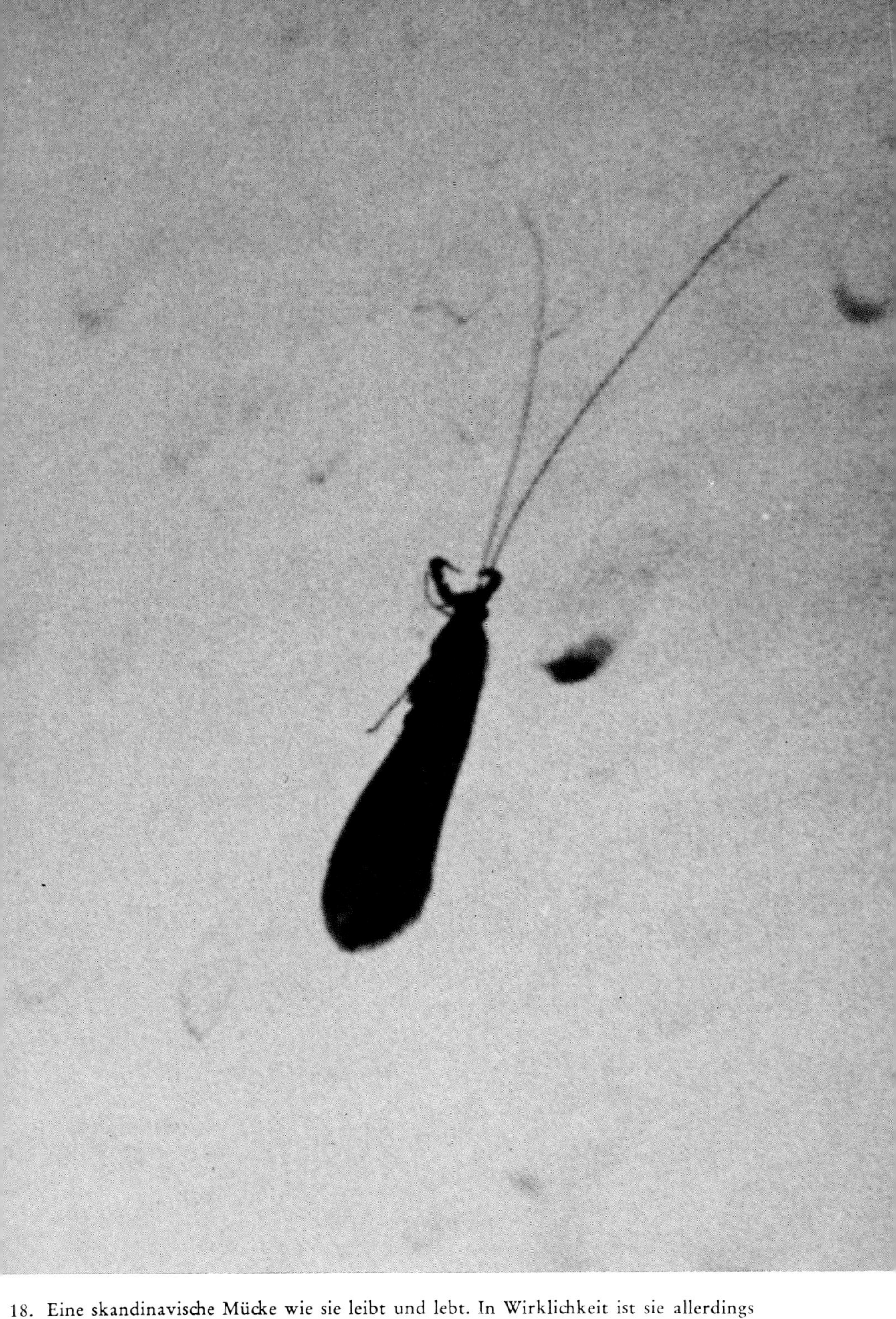

18. Eine skandinavische Mücke wie sie leibt und lebt. In Wirklichkeit ist sie allerdings erheblich kleiner.

19. Die „Blaue Straße" führt mitten durch Lappland. Am interessantesten ist sie zwischen Mo i Rana und Storuman.

20. Angeln vom Boot aus. Auf dem Umeälv eine erfolgversprechende Sache.

200 Meter hinter dem Abzweig nach Norrbyberg links in einen Schotterweg, der nach 300 Metern endete.
Hier an einem See wollten wir „Donald“, der seit Skagerrak-Camping ein trauriges Dasein auf dem Dachgepäckträger gefristet hatte, wieder langsam ans Wasser gewöhnen. In ein Meter Entfernung davon stellten wir daher den Wohnwagen ab und hoben den schon ganz starren „Donald“ vom Dach. Zum Dank begoß er uns mit fünf Litern norwegischen Regenwassers, das aus allen Ecken und Kanten aus ihm hervorkam. Als er dann unter den sanften Tritten meiner Frau – auf den Blasebalg selbstverständlich – erkennbare Formen annahm, radelten zwei Schwedinnen an, die in einem nahegelegenen Gewässer von 30 Metern Durchmesser zu baden gedachten.
Gebannt schaute ich ihnen zu, während ich mit kraftvollem Schwung den 20-PS-Motor aus dem Kofferraum wuchtete. Prompt erntete ich bewundernde Blicke! Diese gaben mir reichlich Auftrieb, ein ebenso elegantes Manöver mit dem klappbaren Mittelteil des Holzbodens einzuleiten. Es ließ sich auch gut an. Doch als ich es – lässig lächelnd – mit einem kurzen, aber energischen Druck meiner rechten Hand in eine gestreckte Lage passend zu den beiden anderen Teilen drücken wollte, schallte ein Entsetzensschrei durch die Stille Lapplands. Das Mittelteil lag zwar jetzt wunderbar gestreckt vor mir, aber mein Handballen steckte darin! Das war mir noch nie passiert. Liebend gerne wäre ich nun laut jammernd herumgelaufen, doch ein herzhaftes schwedisches Lachen aus kaum 40 Metern Entfernung hinderte mich daran. Zu allem Überfluß gelang es auch meiner Frau nur mühsam, ein Lachen zu unterdrücken. Allerhand!
Ergrimmt – zumal die beiden Schönen höchst normal badeten – schob ich „Donald“ ins Wasser. Da zuckte ich zusammen. Denn Eiseskälte umgab meine angewärmten Füße. Nur gerade so eben konnte ich einen erneuten Schrei verhindern. Der wäre wohl das Ende meiner Autorität gewesen. Gott sei Dank sprang wenigstens der Motor an. Ich atmete auf. Nicht auszudenken, was die Schwedinnen angestellt hätten, wenn der nicht gewollt hätte.
Sie winkten jedenfalls, als wir uns in Gleitfahrt entfernten. Jetzt hatte ich erst einmal Ruhe.

Der See war im Grunde gar kein See, sondern ein an dieser Stelle 500 Meter breiter, aufgestauter Fluß namens Umeälv, den wir nun stromaufwärts fuhren. Fast überall reichte der Wald bis ans Ufer, an dem hin und wieder ein Blockhaus hervorlugte. Nach zehn Minuten Fahrt ging ich mit dem Tempo runter und wendete. Das Abendessen stand schließlich bevor.
Meine Frau ließ daher die mit einem Blinker bestückte Schnur der Angel ablaufen, während ich langsam zurücktuckerte. Nach 100 Metern stellte ich den Motor ab und sie begann, den Köder wieder einzuholen (siehe auch Abb. 20). Dieser – wie Sie zugeben müssen – umwerfend geniale Plan führte dann auch zu Ergebnissen, die man in Anbetracht unserer sonstigen Erfolge nur mit dem „phantastisch" bezeichnen kann. Innerhalb von eineinhalb Stunden fingen wir sage und schreibe zwei ausgewachsene Forellen! Na, ist das was? Mit Vollgas pesten wir zurück zum Wohnwagen und legten die Tierchen auf den Grill. Aaahh! Die schmeckten!
Am darauffolgenden Tag fuhren wir stromabwärts und fingen dabei sogar drei Forellen, die wir aber um ein Haar unfreiwillig wieder ihrem Element übergeben mußten – und uns dazu. Denn auf der Rückfahrt ragte plötzlich ein abgesägter massiver Baumstumpf nur wenige Zentimeter aus dem Wasser! Im allerletzten Augenblick gelang es mir noch, den sich in guter Marschfahrt befindlichen „Donald" herumzureißen. Ansonsten hätte er mit Sicherheit – hier auf dem fernen Umeälv – sein Leben ausgehaucht. Bedeutend vorsichtiger navigierte ich zurück und entdeckte dabei noch zwei ähnliche Stellen. Falls Sie also in dieser Gegend herumkurven, sind Sie gewarnt.
Abends besuchte uns dann eine Abordnung Mücken (siehe auch Abb. 18). Flugs waren auch schon ein paar davon durch die offene Tür geschwirrt. Das hätten sie besser nicht getan, denn schon hatte meine Frau die Verfolgung mit einer Dose Paral aufgenommen. Eine Aktion, der dann auch sieben der acht Mücken zum Opfer fielen. Die achte, eine unheimlich widerspenstige, wurde erdrosselt. Doch schien das keine Abschreckungswirkung auf die anderen gehabt zu haben, denn selbst nach dieser Tat räumten sie nicht ihren Platz auf den Fensterscheiben, von wo aus sie uns auflauerten. Vergebens. Denn erst am

nächsten Morgen setzten wir wieder einen Fuß vor die Tür. Und da waren alle verschwunden.
Bei absoluter Windstille und wolkenlosem Himmel ging unsere Fahrt auf der ziemlich geraden und ebenen E 79, immer vorbei am Umeälv, auf dem viele Baumstämme trieben, weiter. Rentiere bekamen wir jedoch nicht zu Gesicht, dafür unwahrscheinlich gepflegte Rasenanlagen in Lycksele, einem netten Touristenstädtchen. Cirka 70 Kilometer vor Umeå grüßten uns dann Bauernhöfe und bewirtschaftete Felder. In Umeå mußten wir wieder völlig umdenken, denn Betriebsamkeit waren wir nicht mehr gewohnt.
Um zu den Fähren nach Vaasa zu gelangen, braucht man nur auf der E 79 zu bleiben. Zusätzlich sind aber auch noch Schilder mit einem Schiff und der Aufschrift „Vasa“ angebracht. Hinter Holmsund in 20 Kilometer Entfernung erreicht man die Hafenanlagen, durch die die Straße vorbei an Lagerhallen und Benzintanks auf einer Landzunge verläuft. Am Ende stößt man automatisch auf 12 parallele Spuren. Auf Spur 1 stellt man den Wagen ab. Sollte die schon besetzt sein, auf Spur 2 und so weiter. 50 Meter dahinter steht eine Holzhausgruppe mit einem weißen Schild und der viersprachigen Aufschrift „Eingang für Reisende“. Dort kann man die Tickets für die um 8 Uhr, 13 Uhr und 18 Uhr verkehrenden Fähren lösen. In unserem Falle waren das stolze 223 SKr (ca. DM 133,80).
Um 12 Uhr kam die „Scania Express“, wie unser Schiff hieß, aus Finnland an. Nach der Entladeprozedur fuhren wir durch den hochgeklappten Bug hinein, schlossen alles ab und stiegen die steilen Treppen zur obersten Etage, dem Sonnendeck, hoch. Wir hatten nun vier Stunden Zeit. So lange dauert die Überfahrt.
Eine käseweiße, wohlgenährte Dame im Bikini hing bereits in einem der dort aufgestellten Klappstühle und reckte Bauch wie Gesicht der Sonne entgegen. Ein nicht ganz ungefährliches Unterfangen! Denn gut hundert ausgewachsene Möven kreisten bis Finnland über uns und ließen es ungeniert auf so manche Rundung klatschen. Worauf die Inhaberinnen mit sichtlicher Bestürzung feststellen mußten, daß Möven nicht mehr zu den Kleintieren gehören.
Nachdem ich drei Volltreffer aus unmittelbarer Nähe miterlebt und

mich halb totgelacht hatte, verkrümelte ich mich – meine Frau blieb oben – ein Deck tiefer. Hier gab es zwei verschiedene Salons. Einer für das gemeine Volk, das auf Flugzeugsitzen die mitgebrachten Butterbrote auspacken durfte. Dahinter der andere für verwöhntere Ansprüche, mit runden wie rechteckigen Holztischen, passenden Clubsesseln und aufmerksamer Bedienung, die von der angrenzenden Bar alle möglichen Getränke anschleppte.
Ich nahm auf einem der Flugzeugsitze Platz. Nach fünf Minuten begann ich zu überlegen, ob ich hier auch richtig untergebracht war. Nach zehn Minuten kamen mir ernsthafte Zweifel. Nach fünfzehn Minuten bemerkte ich ein Kratzen in meiner Kehle. Nach zwanzig Minuten wußte ich es! Ich sprang auf, eilte mit großen Schritten in den anderen Salon, setzte mich an einen freien Tisch und bestellte einen „Grashopper". Dann, um den Geschmack wieder loszuwerden, einen „Irish Coffee". Doch da entdeckte ich auf der Karte eine „White Lady". Die mußte auch dran glauben. Zum „Alexander" kam ich nicht mehr, denn meine Frau erschien und schleppte mich ein Deck tiefer. Sie hatte dort ein Restaurant entdeckt, in dem sie unbedingt noch eine Kleinigkeit zu sich nehmen wollte. Als ich nach zwei Stunden bezahlen durfte, schwor ich mir, nie wieder auf solche Kleinigkeiten reinzufallen.
Wir gingen wieder aufs Sonnendeck. Die Luftangriffe hatten abgenommen, denn die Möven wurden vom Koch sichtlich kurzgehalten. So konnten wir in Ruhe die ersten finnischen Schären weit vor der Küste bewundern. Fast alle waren bewaldet und – entgegen den norwegischen – mit kantigen Felsbrocken am Ufer versehen. Auch standen viel mehr Wochenendhäuschen auf ihnen. Der Anblick von Vaasa war allerdings nicht berauschend, denn von der Seeseite her sieht man fast nur Industrieanlagen.
Pünktlich um 17 Uhr legten wir dann in Vaasa an. Kein Zweifel! Wir waren in Finnland.

Im Land der 60 000 Seen

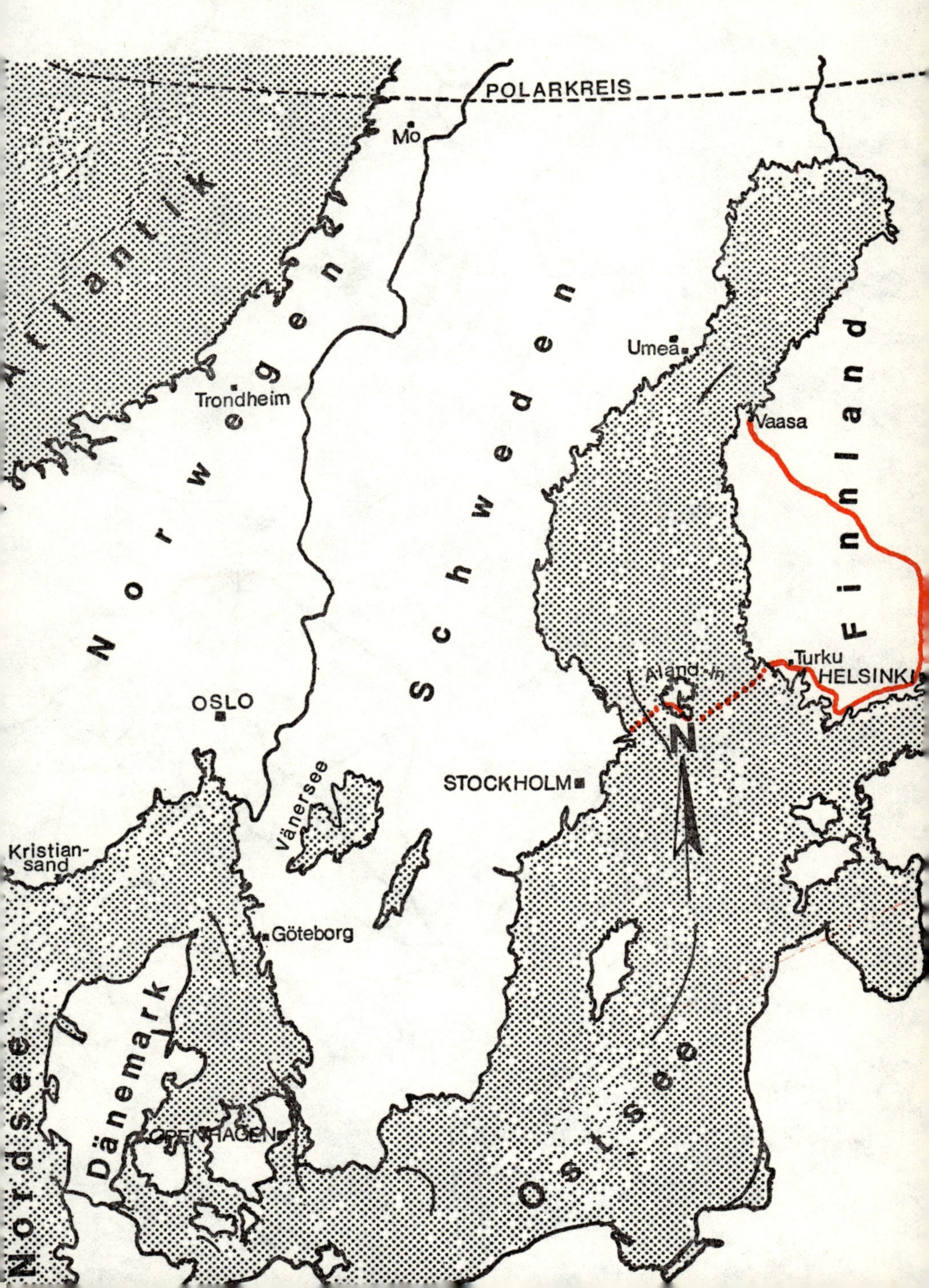

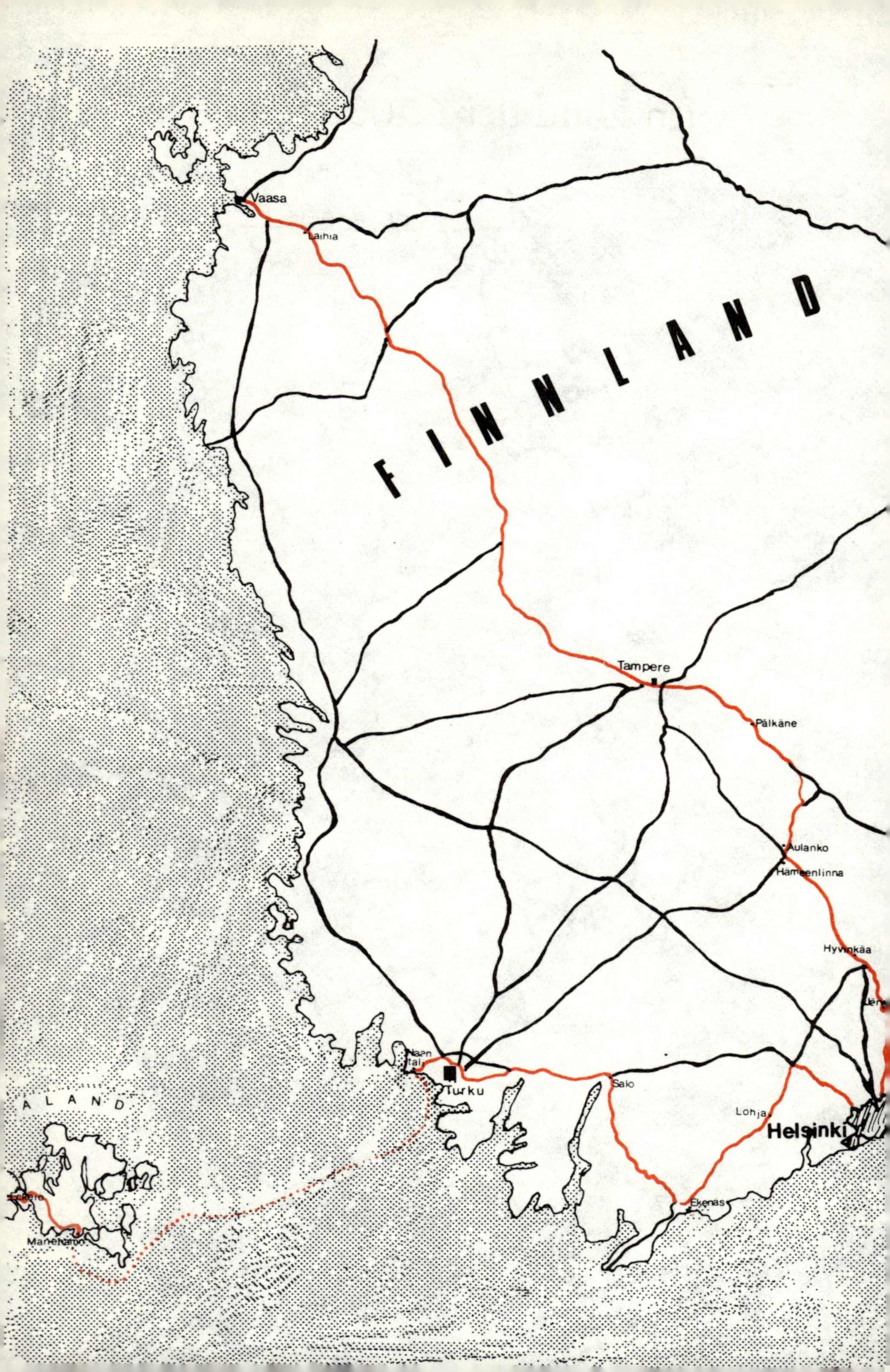

FINNLAND
Vaasa
Laihia
Tampere
Pälkäne
Aulanko
Hämeenlinna
Hyvinkäa
Naan
tali
Turku
Salo
Lohja
Helsinki
Ekenäs
ALAND

Langsam fuhren wir aus dem Heck der „Scania Express“. An der Windschutzscheibe hatten wir einen weißen Pfeil auf grünem Grund angebracht. Das Zeichen dafür, daß man nichts zu verzollen hat. Im anderen Falle hätten wir einen weißen Pfeil auf rotem Grund zeigen müssen. Diese Zeichen mit entsprechender Information bekommt jeder in Umeå beim Hineinfahren in das Schiff. Der Zollbeamte warf so nur von außen einen kurzen Blick in den Wohnwagen – die Pässe interessierten ihn nicht – und winkte uns weiter.

Schon nach zwei Kilometern müssen Sie dann in einer Rechtskurve aufpassen. Dort zweigt die ein Kilometer lange Straße links nach Vaasa Camping ab. Auf dem Hinweisschild steht jedoch nur ein symbolisiertes Zelt, kein Name. Der Campingplatz liegt auf einer durch eine Brücke mit dem Zentrum verbundenen Insel und bietet nahezu jeden Komfort. Zu jedem Caravanstellplatz gehört so z. B. eine Wasserleitung mit zwei Hähnen! Doch diese Annehmlichkeiten hatten auch ihren Preis. Für zwei Tage (mit Strom) zahlten wir immerhin 38 Fmk (ca. DM 26,60).

Es war absolute Windstille. Temperatur, gemessen unter den hochstämmigen Birken und Kiefern des Platzes: 33° C! Der nächste Tag brachte sogar 34° C! Diese Gluthitze verstärkten wir noch durch unseren Grill, auf dem zwei frisch vom Markt erstandene ein Kilo schwere Fische lagen und ein köstliches Aroma verbreiteten.

Die Stadt, die erst vor gut hundert Jahren nach einem Brand vollständig neu aufgebaut worden ist, bietet ein Nebeneinander von Alt und Neu, wobei erstere Eindrücke überwiegen. Der Unterschied zu einer mitteleuropäischen City ist beträchtlich. Es herrscht keine Enge, keine Hektik, keine Parkplatznot, sondern eine ungewohnte Weitläufigkeit (siehe auch Abb. 21). Auch an der Uhr merkt man, daß Vaasa nicht mehr zu Mitteleuropa gehört. Denn die mußten wir um eine Stunde vorstellen. Vaasa liegt immerhin östlicher als Warschau!

Ungewohnt ist auch, daß so gut wie keine Schilder, die die Vorfahrt regeln, angebracht sind. Hier muß man sich eben eisern an die „Rechtsvor Links"-Regel halten, auch wenn einem das naturgemäß auf einer superbreiten Straße schwerfällt.

Dieses Problem hatten wir Gott sei Dank auf der fünf Kilometer langen Autobahn, die aus der Stadt in Richtung Laihia führt, nicht. Am Ende zweigt links eine rund ein Kilometer lange Straße nach Gamla Vasa oder auf finnisch Vanha Vaasa ab. Wir gelangten zu den kärglichen Überresten von Alt-Vaasa, an denen niemand außer uns interessiert war. Auch wir verloren bald die Lust, da wirklich nicht allzu viel zu sehen ist, und setzten uns wieder Richtung E 79 in Gang.

Sie verläuft verkehrsarm und reichlich monoton ohne nennenswerte Kurven und Steigungen – so daß echte Langeweile aufkommt – anfangs durch Getreideanbaugebiete, später häufig durch Wald. Leider aber immer so, daß einem Zweifel am Seenreichtum des Landes kommen. Ganz, ganz selten erblickt man mal einen.

Wir beschlossen daher, von Tampere, einer Stadt mit sichtbar viel Industrie, nicht die kürzeste Verbindung nach Helsinki zu nehmen, sondern einen Umweg über Pälkäne zu machen. Doch auch hier, an der finnischen Seenplatte, waren sie gut getarnt. Kaum zu glauben, wenn man sich die Landkarte anschaut, aber wahr.

Kurz vor Hämeenlinna verließen wir die Straße Richtung Aulanko, um dem Park und dem Aussichtsturm mit dem gleichen Namen einen Besuch abzustatten. Nicht ganz einfach übrigens, denn die Beschilderung ist nicht so, wie sie sein könnte. Trotz Temperaturen, die denen in Zentralafrika durchaus Konkurrenz machen konnten, ließ uns nämlich unser Ehrgeiz keine Ruhe, wenigstens von oben einen ungehinderten Blick auf Finnlands berühmte Seen werfen zu können. Die Erfolgsaussichten standen nicht schlecht, da der trutzige Aussichtsturm, der 1906 aus mächtigen Quadersteinen auf einem 159 Meter hohen Hügel errichtet worden war, die besten Voraussetzungen mitbrachte.

Als wir uns vom Parkplatz den hundert Meter langen, steilen Weg bis zum Fuße hochgeschleppt hatten, fielen wir erst einmal total erschöpft in die gelben Plastiksessel eines ebenfalls dort stehenden Cafés. Nachdem wir uns leidlich bei diversen Getränken aufgepäppelt hatten, konnte die Besteigung des 30 Meter hohen Turmes dann in Angriff genommen werden. 1 Fmk (ca. DM 0,70) für jeden kostete das zwei-

21. Vaasa ist eine Stadt mit reichlich Platz und osteuropäischen Verhältnissen.

22. Finnische Seen sind meist durch Bäume gut getarnt. Vom Aulanko-Turm unweit Hämeenlinna hat man allerdings diesen freien Ausblick.

23. Getreidefeldern begegnet man im Südwesten von Finnland sehr häufig.

felhafte Vergnügen, die schier endlose Wendeltreppe emporzuhecheln, wobei allerdings nicht verschwiegen werden sollte, daß Konditionsschwache unterwegs urige Tische und Stühle aus knorrigen Wurzeln in Beschlag nehmen können. Mit Todesverachtung wetzte ich jedenfalls an diesem Zivilisationswerk vorbei, überholte sogar noch eine alte Frau, die dem Herzschlag nahe war, und fiel – oben angekommen – beinahe wieder runter. Aber ich war der erste! Und auch der einzige! Kaum hatte ich tief durchgeatmet, keuchte die alte Frau durch die Luke. Beinahe wurde sie noch von meiner Frau im Endspurt abgefangen. Nach einem fünfminütigen Japskonzert zu dritt sahen wir dann tatsächlich nicht nur die Häuser von Hämeenlinna, sondern auch ein paar finnische Seen in voller Pracht (siehe auch Abb. 22). Ein seltener Genuß!

Der Abstieg verlief bedeutend angenehmer. Ein Grund mehr, sich wieder in die gelben Plastiksessel fallen zu lassen, um mal den finnischen Preiselbeersaft auszuprobieren. Der schäumt so schön.

Jetzt erst recht schwitzend setzten wir unsere Fahrt auf der E 79 fort. Man konnte gut merken, daß Helsinki nicht mehr in weiter Ferne lag, denn der Verkehr nahm rapide zu. Da Helsinki keinen eigenen Campingplatz mehr besitzt, verließen wir hinter Hyvinkää die Europastraße wieder, um Camping Järvenpää ins Visier zu nehmen. Der Platz, an dessen Einfahrt der Zungenbrecher „Matkailukeskus-Camping" steht, liegt 300 Meter vom Westufer eines lehmigen Sees entfernt und verfügt über alle gängigen Einrichtungen. Auf dem gleichen Gelände befindet sich jedoch noch eine Jugendherberge, deren Atmosphäre tonangebend ist, so daß man sich mehr oder weniger als Anhängsel vorkommt. Doch die Auswahl um Helsinki ist nun mal nicht die größte. In Frage käme höchstens noch Camping-Rastila, 12 Kilometer östlich der Metropole Richtung Porvoo gelegen.

Helsinkis Häuserschluchten, die wir über die 35 Kilometer lange, wellige Autobahn erreichten, ließen diese unzureichende Lösung dann schnell vergessen. Ein Parkplatz fand sich sofort, ebenso der Kontakt zur Stadt, die ein reichhaltiges Programm zu bieten hat und von der es nur noch ein Katzensprung bis Leningrad ist.

Unbedingt erleben muß man den bis 14 Uhr stattfindenden Markt auf dem Kauppatori am Südhafen. Nicht nur Fisch, Obst, Gemüse, Blumen und Souvenirs werden verkauft – teilweise vom Boot aus –, sondern auch Regenwürmer. Jedenfalls fanden sie reißenden Absatz, als wir vormittags da waren! Um 11 Uhr waren bereits alle ausverkauft. Nicht ausverkauft war der besonders umlagerte Stand, der heißen Kaffee und mit Reis nebst Gehacktem gefüllte Hefeteilchen unters Volk brachte.

Zehn Schritte davon entfernt legen die schlanken Boote ab, mit denen man ein- bis zweieinhalbstündige Hafenrundfahrten machen kann. Wir bestiegen gleich eins und schipperten 60 Minuten für 10 Fmk (ca. DM 7,00) pro Person durch finnische Hoheitsgewässer, in denen es nur so von Booten wie Seezeichen aller Gattungen wimmelt. Als ich dabei Finnlands stattliche Eisbrecherflotte als Kriegsschiffe ausmachte, wurde ich im gleichen Augenblick durch den Lautsprecher eines Besseren belehrt. „Kam mir auch gleich so komisch vor", beeilte ich mich meiner Frau stirnrunzelnd zuzurufen. Doch die wollte nichts mehr von meinem fachlichen Kommentar wissen.

Will man wieder aus der Stadt, und zwar nach Möglichkeit in eine bestimmte Richtung, wird man auf nicht zu unterschätzende Schwierigkeiten stoßen, denn die Beschilderung ist miserabel, ja, manchmal sogar irreführend. Ich empfehle deshalb, wenn Sie nicht zu den begnadeten Wegfindern à la Brieftaube gehören, viel Geduld, viel Sprit im Tank, zwei belegte Butterbrote und einen Handkompaß. Vor allem sehen Sie dabei so manches, was Sie sonst nie zu Gesicht bekommen hätten.

Die Beschreibung, wie wir von Järvenpää auf die Autobahn nach Turku gelangt sind, möchte ich Ihnen ersparen, denn das wäre ein Kapitel für sich. Jedenfalls gelang uns schließlich dieses Kunststück. Am Ende zweigten wir links Richtung Lohja ab, um einen Abstecher nach Ekenäs zu unternehmen. Aber auch diese Straße bot landschaftlich nichts Erwähnenswertes. Kam einmal ein Stückchen blaues Wasser zwischen den Bäumen hervor – was selten genug der Fall war – war es auch schon vorbei. Echt enttäuschend!

Ekenäs dagegen ist ein ansprechender Ort mit einem schönen Sportboothafen und – wie wir selber bei einem Lokalderby feststellen

konnten – fußballbegeisterter Bevölkerung. Im Grunde nicht erstaunlich, denn die meisten Einwohner sind schließlich schwedischer Abstammung.
Die ersten fünf Kilometer nach Salo waren Baustelle mit reifenmordenden spitzen Steinen. Dahinter erwartete uns allerdings noch eine weit größere Tortur: die Originalstraße! Querrillen, Längsrillen, Schlaglöcher, Frostbeulen, Sprunghügel, eckige Kurven und ähnliche Scherze waren bis 30 Kilometer vor Salo unsere ständigen Begleiter.
Ab dort begann die neue Straße. „Mensch, ist das eine Erholung!“ meinte ich aufatmend zu meiner Frau, lehnte mich entspannt zurück und würgte den dritten Gang rein. Meine Frau, die zu einem Häuflein Elend zusammengefallen war, richtete sich wieder auf und nickte zustimmend. Dann kam der vierte Gang. Ich schaltete das Radio ein. Dann hoben wir ab! Als wir mit vehementem Krachen wieder gelandet waren, wurde mir klar, daß Finnlands Skispringer auch Finnlands Straßenbauer sein mußten, die diese Bodenwellen extra einbauen, um Trockentraining veranstalten zu können.
Dabei ist es so einfach, diesen Sprunghügeln auf die Schliche zu kommen. Man braucht nämlich nur auf die Spuren derer zu achten, die dort schon mehr oder weniger wichtige Fahrzeugteile ruiniert haben.
An goldgelben Getreidefeldern vorbei ging's im vierten Gang weiter. Diese Getreidefelder schauten uns auch hinter Salo links wie rechts der Europastraße an (siehe auch Abb. 23), auf der man zügig vorankommt. Ein gutes Stück vor Turku kann man rechts eine ausgeschilderte Umgehungsstraße Richtung Naantali benutzen, die wir jedoch verschmähten. Auch so erreichten wir am Spätnachmittag, nachdem wir Turkus Verkehrsprobleme durch unser Gespann noch angereichert hatten, Camping-Kuparivuori, das wenige hundert Meter von Naantali entfernt Richtung Fährhafen auf einem mit Kiefern bewaldeten Hügel liegt.
Von der Rezeption zieht sich ein steiler Serpentinenweg bis fast zu einem See runter, an dem eine Badeplattform angebracht ist. Viel Platz war nicht mehr frei, so daß wir uns oben in der Nähe der Rezeption hinstellen mußten. Damit war die Ruhe dahin, denn eine Art Laubencafé, das der Rezeption angeschlossen war, sorgte für „Remi-

Demi", da dies der ausgemachte Treffpunkt der vergnügungssüchtigen Touristen aus den Hotels und einiger Einheimischer zu sein schien. Pausenlos kamen sie auf zwei- wie vierrädrigen Vehikeln angeschossen, hielten an, stiegen aus, peilten die Lage und entschwanden staubaufwühlend mittels Kavalierstart. Einige blieben 5–10 Minuten, mit laufendem Motor, versteht sich! Als dann noch die Toilette, die ja allgemein als „Stilles Örtchen" bezeichnet wird, nach einem gewissenhaft ausgeführten, genau beschriebenen Knopfdruck Geräusche wie die eines tosenden Wasserfalles in drei Meter Entfernung von sich gab, verließ ich erschreckt das unwirtliche Gelände.

Zwei Minuten später stand ich auf dem einen Kilometer entfernten Territorium der „Viking-Line", um Informationen für die Fährfahrt zu sammeln. Die waren auch notwendig, denn hier braucht man als Unwissender einen Durchblickerlehrgang, zumal das Areal reichlich unübersichtlich angelegt ist.

Nun, es läuft folgendermaßen: Sechs Fähren laufen am Tag aus, zwei davon um 10 Uhr und 22 Uhr. Will man eine dieser beiden nehmen, fährt man rechts auf den ersten großen Platz, an dem auch ein Schild mit diesen Uhrzeiten angebracht ist, und stellt sich vor der Durchfahrt mit der Aufschrift „Personbilsklarering" auf. Diese Durchfahrt sieht man schon von weitem. Außerdem sind an ihr zwei Kontrollhäuschen angebracht. Hier wird 1–2 Stunden vor Abfahrt das Ticket abgestempelt und anschließend eine von 17 Spuren zugewiesen. Welche, hängt davon ab, ob man nach Mariehamn auf den Åland-Inseln oder nach Kapellskär in Schweden will. Hat man noch kein Ticket, bekommt man dort eine weiß-rote Karte für die Windschutzscheibe mit der viersprachigen Aufschrift „An Bord angekommen, bitte in der Information nachfragen" und natürlich auch eine Spur. Bei den vier anderen Fähren um 11 Uhr, 13 Uhr, 22.30 Uhr und 23.30 Uhr verläuft es ebenso nur muß man hundert Meter weiter auf den zweiten großen Platz fahren. Das andere Drumherum kann man getrost vergessen.

Unsere Fähre lief um 10 Uhr aus. Da wir aber noch keine Tickets hatten, wurden wir die Nummer 1 auf Spur 1, mitleidig belächelt von einer Dame im mittleren Alter auf Spur 17, die auf meine neugierige

Frage: „Wann haben Sie denn gebucht?" „Na, selbstverständlich schon vor einem halben Jahr!" antwortete.
Die Zeit der Abfahrt rückte näher. Kolonnen von Autos, beginnend mit Spur 17, verschwanden im Schlund der „Aurella", wie unser Schiff hieß. Und immer mehr rückten noch zusätzlich an. Quer vor uns standen auch noch zehn schwergewichtige LKW mit Hängern, die ebenfalls Einlaß begehrten. Mir kamen Zweifel, ob noch ein Plätzchen für uns frei sein würde. Aber nach meinen Erkundigungen durfte eigentlich nichts schieflaufen. Um 10 Minuten vor 10 wurde das bedeutend kleinere Häuflein nach Mariehamn reingewunken. Schließlich gab man auch mir als Anführer von acht Ticketlosen das Zeichen. Na endlich! Ich zog an, doch 20 Meter vor der Luke stoppte man mich wieder und bedeutete mir, hart am Rande stehenzubleiben. Es war inzwischen 10 Uhr. Alle noch auf dem Platz stehenden Fahrzeuge, auch die dicken Brummer, rollten nun an mir vorbei. Ein ungutes Gefühl breitete sich in der Magengegend aus, zumal die Sonne so stand, daß ich nicht in das Schiff hineinsehen konnte. War es schon voll? Nach dem zu urteilen, was alles reingefahren war, mußte es bereits aus den Nähten platzen! Um 6 Minuten nach 10 durfte ich als Letzter mit meinem Gespann an Bord. Ein Stein fiel mir vom Herzen. Nun sah ich auch, daß noch Platz war. Einfach sagenhaft, was in solch einen Pott reingeht. Diejenigen, die nach Mariehamn wollten, hatten irgendwie im Schiff wenden müssen, da der Bug ja durch die anderen Fahrzeuge nach Schweden für die Ausfahrt blockiert war. Nur ich als letzter stand verkehrt herum. Schöne Aussichten in 5 1/2 Stunden, wenn die „Aurella" in Mariehamn Zwischenstation machte!
Aber das sollte mich jetzt nicht kümmern. Ich stieg zuerst einmal die Treppe zur Information hoch, um dort meinen Obolus für die Überfahrt zu bezahlen. Nachdem man mir 242 Fmk (ca. DM 169,40) abgeknöpft hatte – ungefähr genausoviel, wie zwei Personen mit zehn (!) PKW zu zahlen hätten –, ging ich zum Sonnendeck hinaus, wo meine Adleraugen den Himmel nach Tieffliegern – sprich: Möven – absuchten. Ich machte ein verirrtes Exemplar aus. Keine Gefahr also!
Im Slalomkurs pflügten wir majestätisch durch die Schären, die bis Mariehamn in Reichweite blieben (siehe auch Abb. 25). Anfangs wa-

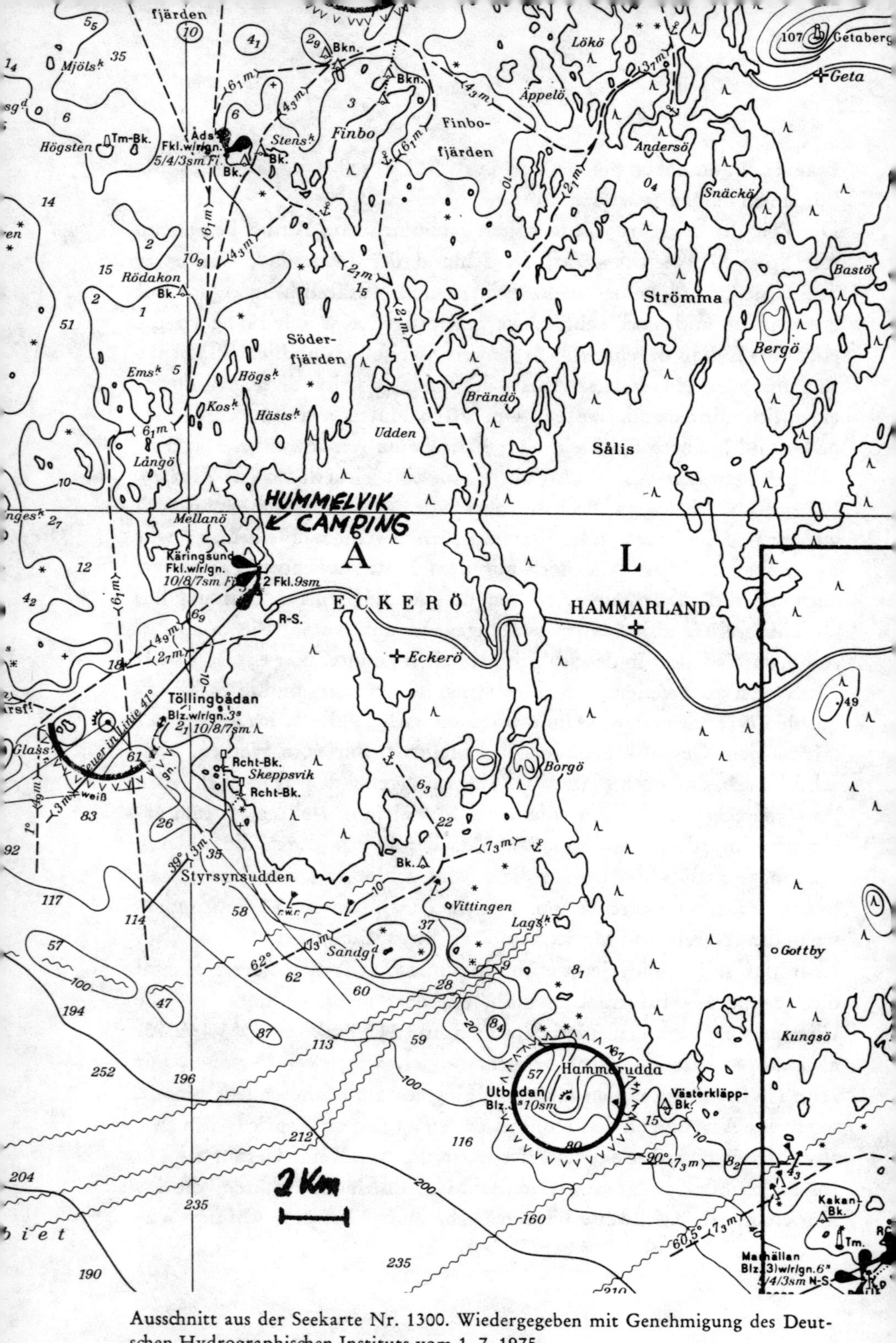

Ausschnitt aus der Seekarte Nr. 1300. Wiedergegeben mit Genehmigung des Deutschen Hydrographischen Instituts vom 1. 7. 1975.

ren alle dicht bewaldet, weiter draußen nahm der Baumbestand dann mehr und mehr ab. Etliche Schwesterschiffe, aber auch die Konkurrenz von der „Silja-Line“, die in Turku ablegt, begegneten uns. Und nicht zu vergessen die zahlreichen kleineren Boote, vornehmlich Segler, die ja hier jederzeit – falls es einmal brenzlig werden sollte – unter Landschutz gehen konnten.

Wer sich daran sattgesehen hatte, konnte in den Fernsehraum gehen oder ins Restaurant oder in die Cafeteria oder in die gemietete Kabine oder in die Discothek oder in den Selbstbedienungsladen.

Pünktlich um 15.30 Uhr legten wir auf den Åland-Inseln an. Mit knarrendem Geräusch wurde die Heckklappe heruntergelassen. Sichtbar für die in 30 Meter Entfernung stehenden Menschenmassen wurde ich und die Heckpartie des Triton. Jede Menge Leute wollten herein und etliche auch wieder raus, nur ich stand im Weg! Um diesem Mißstand abzuhelfen, mußte ich nicht nur rückwärts die Klappe hinunterjonglieren, sondern direkt anschließend auch noch eine scharfe Kurve in eine freie Gasse bewältigen!

„Na, denn man tau!“ Sprach's und stieg ein. Der erste Teil des Manövers klappte – zum Leidwesen der sensationshungrigen Zuschauer, die mich gerne hätten abstürzen sehen – hervorragend. Ich konnte es selbst nicht glauben. Die anschließende Kurve wurde – wieder zum Leidwesen derer, die meinten, ich würde nun aber irgendwo gegendonnern – geradezu traumhaft gemeistert. Ich war perplex! Also, wenn Punktrichter in der Nähe gewesen wären, sie hätten mit Sicherheit – ohne zu überlegen – die Höchstnote gezogen! Mit unverkennbarem Stolz – ein eben noch empfundenes Bibbern und Zittern in den Knien war wie weggeblasen – wendete ich nun, da Platz genug vorhanden war, vorwärts und kurvte elegant an den Leuten vorbei, die mir enttäuscht nachblickten.

Wir waren – ohne daß einer die teuren Tickets sehen wollte – auf den Åland-Inseln, die zu Finnland gehören, auf denen jedoch schwedisch Amtssprache ist. Von den 6500 verschiedenen hatten wir uns eine ziemlich große im Westen ausgesucht: Eckerö. Nach 30 Kilometern Asphaltstraße durch Mischwald und landwirtschaftlich genutztes Gebiet, erreichten wir sie über eine Bogenbrücke. Nach weiteren fünf

Kilometern zweigten wir rechts hinter der Esso-Tankstelle in einen Schotterweg ab, in den verschiedene Schilder, so auch eins mit der Aufschrift „Käringsund 2“, zeigten. Fast am Ende des Weges – wir hatten bereits einen Campingplatz passiert – wies dann ein Schild mit der Aufschrift „Hummelvik-Camping 100 m“ rechts in einen zwei Meter schmalen Weg.

Der Platz hatte eine wunderbare Lage an einer Bucht mit Sandstrand und klarem Wasser, war kaum belegt und für Boote gut geeignet (siehe auch Abb. 24). Außerdem schien die Sonne, und zwar mit voller Leistung. Lediglich die Trockentoiletten warfen einen Schatten auf das positive Bild. Aber wo gibt es etwas Vollkommenes?

„Donald“ jedenfalls konnte es kaum erwarten, ins feuchte Element gesetzt zu werden. Gemein, wie wir sind, ließen wir ihn aber bis zum nächsten Morgen auf dem Dache schmoren. Dann bauten wir ihn neben den Polyesterruderbooten, die man mieten kann, zusammen, wobei ich nicht ein einziges Mal zu schreien brauchte. Als auch der Motor nach zweimaligem Ziehen ansprang, wäre mir meine Frau beinahe um den Hals gefallen.

Die finnische Seekarte „Eckerö“ im Maßstab 1 : 50 000 zeigte mir den Weg, als ich Gas gab. Schären in allen Variationen flogen vorbei. Die kleinen waren baumlos, die größeren meist nur an einer 5–10 Meter breiten Uferzone. Geröllsteine wie auf den Schären vor Vaasa hatten Seltenheitscharakter. Statt dessen luden blankgewaschene, leicht rötliche Steinplatten und auch Sandbuchten zum Sonnen ein. Wir stoppten vor einer Schäre, ließen den Anker runter und uns über Bord fallen. Das Wasser war wesentlich wärmer als wir erwartet hatten, fast lau. Nachdem wir eine gute Weile herumgeplanscht hatten, zogen plötzlich am Horizont dunkle Wolken auf. Als sie rasch näherrückten und Donnergrollen ein Gewitter ankündigte, machten wir uns schleunigst aus dem Staub. Gleichzeitig mit den ersten Regentropfen erreichten wir die Bucht des Campingplatzes. Als wir ausstiegen, goß es bereits wie aus Eimern. Im Rekordtempo befestigten wir die Persenning, rannten zurück in den Wohnwagen und kippten uns einen weißen Rum hinter die Binde. Dann noch einen.

Nach dem Gewitter wurde es bei geschlossener Wolkendecke um 10

24. Hummelvik-Camping auf den Åland-Inseln: für Kinder bestens geeignet.

25. Eine Fahrt mit der „Aurella", einem großen Fährschiff, bedeutet Entspannung und zugleich Erlebnis.

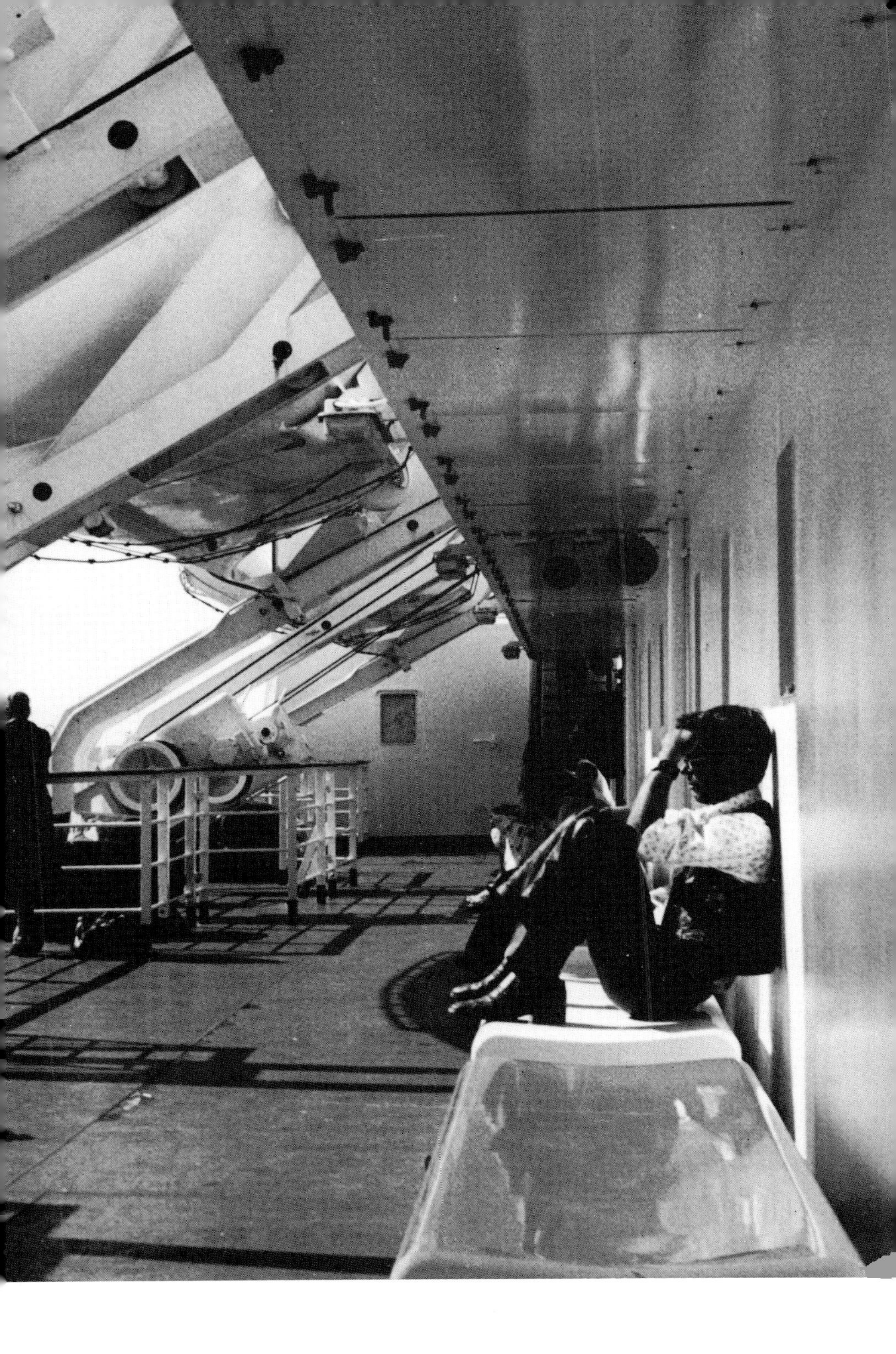

26. Gegenüber dem Seefahrtsmuseum liegt in Mariehamn die „Pommern“ vor Anker, die man nach Herzenslust untersuchen kann.

Grad kälter. Die richtige Temperatur, um in Mariehamn, das auf einer langgestreckten, einen Kilometer breiten Halbinsel liegt, das Seefahrtsmuseum zu beehren. Es liegt auf der Westseite und ist durch die davor liegende stählerne Viermastbark „Pommern" nicht zu verfehlen. 2 Fmk (ca. DM 1,40) kostet der Eintritt. Dafür bekommt man praktisch alles zu sehen, was irgendwie mit Seefahrt zu tun hat. Angefangen von der Kapitänskajüte und Schiffsmodellen und seltenen Muscheln und Galeonsfiguren und Geldscheinen aus fernen Ländern und Haizähnen bis hin zu einem kapitalen Albatros. Eine wahre Fundgrube!

Wir waren nun in der richtigen Stimmung, ebenfalls für 2 Fmk pro Person auf die „Pommern" zu klettern, was unbedingt anzuraten ist, da man sie bis in den letzten Winkel durchstöbern kann, Laderaum inbegriffen (siehe auch Abb. 26).

Anschließend fuhren wir die einen Kilometer lange Straße rüber zur Ostseite, wo ein kleines Wasserflugzeug auf den Wellen schaukelte. 15 Minuten lang kann man damit die Åland-Inseln von oben betrachten. Kostenpunkt für drei Personen: für jeden 25 Fmk (ca. DM 17,50). Wir hätten gerne einen Rundflug gestartet, doch das Wetter hatte sich weiter verschlechtert, so daß es ziemlich witzlos war. Der Pilot saß daher arbeitslos in einem hundert Meter entfernten Caravan und drehte Däumchen.

Als wir dem Campingplatz nach drei Tagen Lebewohl sagten, überraschte die niedrige Rechnung: nur 21,30 Fmk (ca. DM 14,90). So etwas läßt man sich gefallen! Das Fährschiff der „Eckerö-Linjen" legte nur zwei Kilometer von der Esso-Tankstelle am Ende der Hauptstraße ab, so daß wir in wenigen Minuten da waren. Ein gewaltiger Unterschied zum Hafen in Naantali: ein kleiner Platz von vielleicht 150 Metern Durchmesser, ein Holzhaus, in dem man die Tickets lösen konnte (für uns 76 Fmk oder ca. DM 53,20) und ein Selbstbedienungsladen gegenüber, das war eigentlich schon alles. Hätte auch ein Familienbetrieb sein können.

Unser Schiff, die „Ros Piggen", war ebenfalls erheblich kleiner, besaß aber den Vorteil, daß man ohne Artistik wieder rauskam. Viermal am Tag kann man sich in zwei Stunden nach Schweden übersetzen lassen.

Diese zwei Stunden wurden von allen zurückkehrenden Schweden rigoros dazu benutzt, Berge über Berge an Alkoholika, Zigaretten und allem möglichen anderen Kram in den beiden bordeigenen Läden einzukaufen. Leider konnte ich bei der Ankunft in Grisslehamn nicht feststellen, ob die alle dem Zoll frechweg den weißen Pfeil auf grünem Grund gezeigt haben, da ich diesmal an erster (!) Stelle stand.
Dafür waren wir zum dritten Mal in Schweden! Worüber wir nicht unglücklich waren, denn insgesamt hatte uns Finnland – abgesehen von den Åland-Inseln – enttäuscht.

Quer durch Schweden

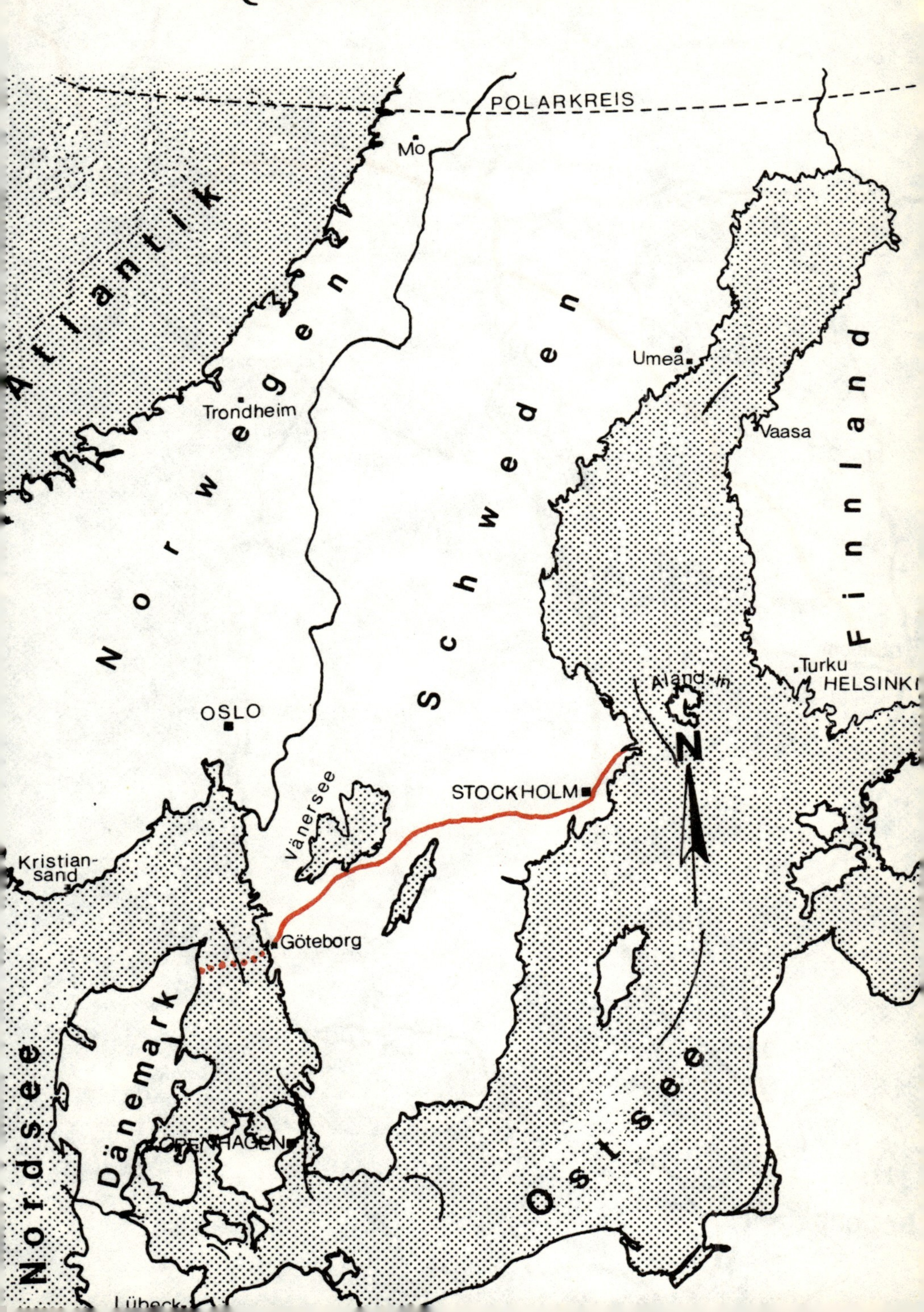

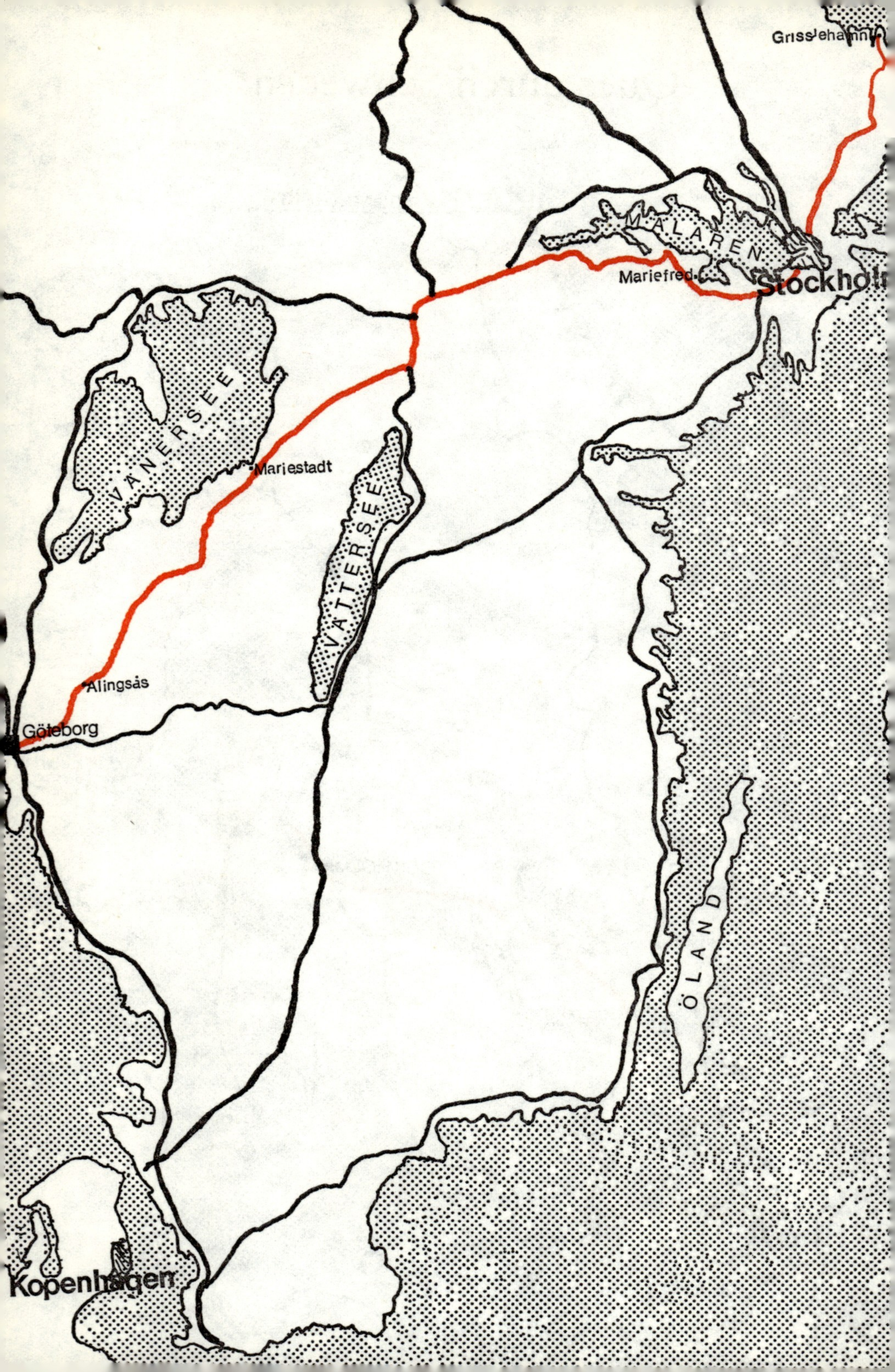

Grisslehamn
MÄLAREN
Mariefred
Stockholm
VÄNERSEE
Mariestadt
VÄTTERSEE
Alingsås
Göteborg
ÖLAND
Kopenhagen

Das Wetter spielte verrückt, als wir ohne Zollkontrolle den Fährhafen in Grisslehamn verlassen hatten: mal kurbelte ich die Seitenscheiben herunter, weil es zu warm war, mal schleunigst wieder hoch, weil es zu kalt wurde. So blieb es bis Stockholm, das wir auf gut ausgebauter Straße, die durch eine hügelige Landschaft mit viel Getreidefeldern und vereinzelten Waldflecken führte, gegen Mittag erreichten. Unsere Uhren hatten wir natürlich wieder um eine Stunde auf mitteleuropäische Zeit zurückgesetzt.
Sätra Camping im südwestlichen Stadtteil Bredäng zu finden, war dank der zahlreichen Schilder, die auf die E 4 und später auf das Gelände hinwiesen, nicht schwierig. Wir trafen eine internationale Gesellschaft – hauptsächlich Deutsche – an. Eine Lautsprecheranlage, die häufig benutzt wurde, und Hochhäuser in unmittelbarer Nähe machten zudem überaus deutlich, daß Schwedens größte Stadt mit 750 000 Einwohnern auf uns wartete. Um den eigentlichen Stadtkern in zehn Kilometern Entfernung reihten sich dann auch Unmengen von anonymen Betonblocks, die zeigten, daß Stockholms Stadtplaner auch nur mit Wasser kochen.
Die Innenstadt dagegen, die auf mehreren – teilweise felsigen – Inseln und Halbinseln gebaut ist, gab sich von einer wesentlich ansprechenderen Seite, wobei die Stadtteile Norrmalen und Staden das Hauptinteresse der Touristen auf sich ziehen. Von der Vielzahl der Geschäftsstraßen gefiel uns die Drottninggatan, auf der ein lebensfrohes Treiben herrschte, am besten. Aber auch der Kungsträdgården in der Nähe der Oper zeigte alles andere als nordische Verschlossenheit. Unter freiem Himmel spielten hier Einheimische wie Ausländer Tischtennis, Boule oder auch auf einem überdimensionalen Brett mit halbmeterhohen Figuren Schach.
200 Meter weiter – gegenüber dem Grand Hotel – konnte man die Boote für Rundfahrten besteigen. Gleich zehn verschiedene kamen in Frage. Wir entschieden uns für die Tour Nr. 1 in die Außenbezirke mit dem klingenden Namen „Unter Stockholms Brücken“. Preis pro

Person: 17 SKr (ca. DM 10,20). Dauer: 2 Stunden. Unser Kahn war etwa 30 Meter lang, aber trotz dieser imposanten Ausdehnung eine echte Fehlkonstruktion. Denn als wir vor den Slussen, den Schleusen, warten mußten, um in den Mälaren-See zu gelangen, schaukelte er sich in dem Kabbelwasser dermaßen auf, daß nur noch abruptes Vollgasgeben Schlimmeres verhindern konnte! Diese Stellung des Gashebels schien dem draufgängerischen Bootsführer auch anschließend die geeignete zu sein, denn er fuhr wie ein Henker! Beinahe wären wir auch noch mittschiffs von einer 10-Meter-Motorjacht torpediert worden, so daß ein älteres Ehepaar sichtlich froh war, als es – zwanzig Minuten zu früh – wieder festen Boden unter den Füßen fühlte.
Ängstliche Naturen können aber auch unter neun Busrundfahrten wählen, darunter sogar eine mit dem vielversprechenden Namen „Stockholm after eight". Preis pro Person: 150 SKr (ca. DM 90,00)!
In Stockholm läßt's sich leben. Zu diesem Schluß kommt man sehr bald, egal, was man unternimmt. Diese Erkenntnis muß sich auch besonders in Südeuropa und Nordafrika herumgesprochen haben, denn Vertretern aus diesen Ländern begegnet man recht häufig.
Wir verließen Stockholm mit einem weinenden und einem lachenden Auge, da einerseits die Stadt uns sehr gefallen hatte, da andererseits aber Schloß Gripsholm in Mariefred uns anzog.
Gemütlich fuhren wir auf der Autobahn diesem bezaubernden Landstädtchen entgegen, als mich das Schicksal aus heiterem Himmel heimsuchte. Ich stoppte den Wagen und rannte in die rettenden Büsche. Mit dem vagen Verdacht, daß mir meine Frau eine ihrer Geheimpillen ins Essen gerührt hatte, kam ich nach einer geraumen Zeit wieder aus ihnen hervor. Als wir dann Camping-Strandbadet – drei Kilometer von Mariefred entfernt – glücklich erreicht hatten, ich aber in forschem Eilschritt die sanitären Anlagen aufsuchen mußte, verstärkte sich mein Verdacht, zumal meine Frau sichtlich Gefallen an meinem bedauernswerten Zustand hatte. Ich wagte daher einen Überrumpelungsversuch und sagte ihr die Freveltat auf den Kopf zu. In der Erwartung, daß sie nun zähneknirschend Reue zeigen würde, schaute ich sie an. Doch ich hatte mich offensichtlich in der Wahl der Mittel vergriffen, denn jetzt war sie ganz aus dem Häuschen! Einige Leute auf

Mariefred

dem Platz begannen sich bereits für uns zu interessieren und rückten ihre Klappstühle zurecht. Nein, das war dann doch zuviel! Ich schnappte mir mein ungeratenes Weib, stopfte sie ins Auto und die noch gar nicht beabsichtigte Schloßbesichtigung konnte beginnen.
Der Parkplatz 300 Meter vor dem Wasserschloß war fast leer. Ein 5 Meter breiter Sandweg führte an zwei Runensteinen vorbei zu der roten Zugbrücke, über die man zu dem ringförmig angelegten Park kommt, der zum größten Teil nicht an den Wassergraben, sondern an den Mälaren-See grenzt. Der grüne, gepflegte englische Rasen darf jedoch nicht betreten werden, dafür laden etliche Bänke zum Verweilen ein, von denen man einen herrlichen Blick auf das malerisch daliegende Städtchen mit dem kleinen Bootshafen und auf die Türme, Giebel und Fenster des anmutigen Renaissance-Bauwerkes hat (siehe auch Abb. 27). In dieser romantischen Umgebung denkt man unwillkürlich an Kurt Tucholsky, der ja Schloß Gripsholm durch seine gleichnamige Erzählung bei uns bekannt gemacht hat und der auf dem Friedhof in Mariefred begraben liegt.
Im Innenhof sind zwei Kanonen auf das Eingangsportal gerichtet, die allerdings den friedlichen Eindruck nicht stören können, der auch in den Räumen vorherrscht, die man für 3 SKr (ca. DM 1,80) besichtigen kann. Die meisten von ihnen sind vollgepackt mit Gemälden aller Größen, vorwiegend Porträts. Es sind beinahe 3000! Überladener Prunk ist kaum vorhanden. Die schlichte Ausstattung dominiert. Das gleiche trifft übrigens auch für die Toilettenanlagen zu, denn die wurden ebenfalls von mir besucht – gezwungenermaßen.
In den darauffolgenden Stunden wurde ich dann auf dem Campingplatz mit Zwieback und Tee wieder aufgemuntert. Als ich jedoch abends unter der vorsintfllutlichen Brause, die mittels einer Kette, die man mit der Hand herunterziehen muß, in Gang gesetzt wird, diese Handbewegung dann ausführte, erlitt ich einen Schock fürs ganze Leben. Denn statt wohliger Wärme – wie sie im Campingführer angekündigt war – stürzten kalte Wassermassen auf mich hernieder, so daß ich vor Schreck die Kette wieder los ließ! Glücklicherweise war dies das einzig Richtige gewesen, denn so wurde die Wasserzufuhr wieder unterbrochen. Eiligst zog ich mich wieder an, um keine Lungenent-

27. Ringsum von Wasser umgeben: das zauberhafte Schloß Gripsholm am Mälarensee.

28. Solch nette Begegnungen hat man leider nur selten auf einer Fahrt von Stockholm zum Vänernsee.

29. Mit der Stena Line von Göteborg nach Frederikshavn. Üblicherweise fährt man jedoch ins Heck hinein.

zündung zu kriegen, und lief schimpfend zu meiner Frau. Doch statt mich verständnisvoll in ihre mütterlichen Arme zu schließen, fing sie, nachdem ich ihr hastig mein Mißgeschick erzählt hatte, vor Freude an zu jauchzen! Ich sprach den ganzen Abend nicht mehr mit ihr.

Bei bewölktem Himmel fuhren wir am nächsten Tag auf der E 3 weiter. Sie verläuft praktisch ohne Abwechslungen – meist als Umgehungsstraße an den Orten vorbei – durch eine hügelige Landschaft mit Getreidefeldern, die von Mischwald eingerahmt werden (siehe auch Abb. 28). Der Verkehr war ziemlich stark, dennoch kann man die erlaubte Höchstgeschwindigkeit praktisch als Durchschnittsgeschwindigkeit ansehen. Dafür sorgt auch ein Randstreifen, der von langsameren Fahrzeugen benutzt werden kann. Man könnte also in einem Tag ohne weiteres von Stockholm nach Göteborg kutschieren, was vielleicht sogar empfehlenswert ist, da man diesen Teil Schwedens nicht gerade unter die „grandiosen" Landschaften einreihen kann.

Wir machten jedoch in Mariestadt am Vänern-See Zwischenstation, um „Donald" den größten See Skandinaviens zu zeigen. Camping Strandbadet Ekudden – auf einer Halbinsel zwei Kilometer vom Ort gelegen – machte überraschenderweise einen beinahe verlassenen Eindruck. In dem hochstämmigen, gelichteten Wald direkt am Wasser waren Stellplätze in Hülle und Fülle vorhanden. Nur mußte man aufpassen, daß man nicht einen der zahlreichen Baumstümpfe mitnahm. Nachdem wir uns ein einsames Plätzchen ausgesucht hatten, inspizierten wir den Strand. Schnell mußten wir feststellen, daß man mit dem Boot schlecht hinkam. Nur der offizielle mit zwei Pylonen abgesperrte kleine Badestrand wäre in Frage gekommen. Insgesamt also keine idealen Verhältnisse, zumal das Wasser recht trübe aussah.

Wir wußten nicht so recht, was wir machen sollten, deshalb besichtigten wir erst einmal die Stadt, die jedoch nicht viel zu bieten hatte. Als wir zurückkamen und die Bewölkung weiter zunahm, beschlossen wir, den nächsten Tag abzuwarten. In der Nacht mußten wir dann feststellen, daß wir trotz der gähnenden Leere dennoch keine Ruhe erwischt hatten, denn gleich zwei Saufgelage wurden veranstaltet. Am Morgen regnete es dann. Wir zogen weiter.

Fast die gleiche – auf die Dauer eintönige – Landschaft umgab uns auch Richtung Göteborg, nur verschwanden die leichten Hügel zeitweise, so daß es potteben wurde. Hinter Alingsås bis Göteborg wurde es dann allerdings bergig. Einmal mußte ich sogar an einer Steigung den dritten Gang benutzen. Wenige Kilometer vor der zweitgrößten Stadt Schwedens, die wir ja bereits am Anfang unserer Reise passiert hatten, bogen wir rechts von der Autobahn ab und folgten den Hinweisschildern mit einem Zelt, die uns zu Camping Kärralund – drei Kilometer vom Zentrum entfernt – führten.

Wir waren ziemlich erstaunt, als man uns an der Rezeption sagte, daß der Platz an und für sich voll belegt sei, wir uns aber auf einen asphaltierten Weg hinstellen könnten. Was wir auch taten. Kaum hatten wir die Stützen heruntergedreht, verstärkte sich der leichte Nieselregen zu einem Wolkenbruch, der in ein Gewitter überging. Auch die ganze Nacht goß es in Strömen.

Am Morgen leerte sich der Platz um mehr als die Hälfte, so daß wir uns nun den Stellplatz aussuchen konnten. Dafür regnete es ohne Unterlaß weiter. Schöne Aussichten für unsere Stadtbesichtigung! Nachdem wir uns an der Rezeption mit dort herumliegendem Informationsmaterial, inclusive Zeitplan der Fähren, eingedeckt hatten, fuhren wir zuerst zum „Masthuggskajen“ am Hafen, den man nicht verfehlen kann, da reichlich Schilder mit einem Schiff und der Aufschrift „Frederikshavn“ angebracht sind. Auch das mehrstöckige Gebäude der „Stena Line“ an besagter Straße ist nicht zu übersehen. Dort stellte ich den Wagen ab, um bereits die Tickets für die Fahrt am nächsten Tag zu lösen. Mit der Rolltreppe ließ ich mich eine Etage höher bringen und marschierte zum Schalter mit der Aufschrift „Danmark“. Zwei Minuten später war die Stena Line um 300 SKr (ca. DM 180,00) reicher, denn soviel kostete die dreistündige Überfahrt. Falls Sie einmal nicht wissen sollten, was Sie mit Ihrem Geld anfangen sollen, kaufen Sie sich einfach ein Fährschiff. Schneller als Sie denken, werden Sie wieder vor diesem angenehmen Problem stehen!

Die Innenstadt war fast menschenleer, denn es regnete nicht nur, sondern es war obendrein noch Sonntag. Ein nicht unbeträchtlicher Unterschied zu Stockholm war trotzdem festzustellen. Letztere Stadt strahlt entschieden mehr Fluidum aus, obwohl Göteborg natürlich auch einiges Sehenswerte besitzt. So z. B. elf Museen, darunter das Seefahrtsmuseum mit einem Aquarium, in dem die Meeresfische der schwedischen Westküste plantschen. Oder den Fischerhafen an der Fiskhamnsgatan, wo jeden Tag um sieben Uhr früh die Fänge versteigert werden. Oder den Liseberg am Örgrytevägen, ein Vergnügungspark, der in etwa vergleichbar mit dem Tivoli in Kopenhagen ist. Am Eingang sind übrigens etliche Sperren nebeneinander angebracht, durch die man nur dann gehen kann, wenn man dort drei einzelne Kronenstücke eingeworfen hat. Für den Fall, daß man die nicht passend hat, sind Kassen mit Wechselgeld vorhanden. In diesem Park kam auch tatsächlich die Sonne wieder für 20 Minuten zum Vorschein!

Um 10 Uhr lief unser Schiff nach Frederikshavn aus. Um 9 Uhr fuhren wir 300 Meter vor dem Hauptgebäude der Stena Line rechts in das Hafengelände rein. Hinter dem Kontrollhäuschen mit der Aufschrift „Danmark" und „Tyskland" (Deutschland), an denen die Tickets im Vorbeifahren vorgelegt werden müssen, bekommt man eine von neun parallelen Spuren zugewiesen. Welche, richtet sich danach, ob man einen Anhänger oder einen Dachgepäckträger oder nichts von beiden mit sich herumschleppt. Um 9.30 Uhr – die Sonne schien! – wurde Spur 1 dann über eine Art Gangway in eine nicht allzu große Luke auf der Backbordseite des Schiffes eingewiesen (siehe auch Abb. 29). Die anderen, die da nicht durchpaßten, also auch wir, konnten ebener Erde in das Heck hineinfahren.

Mit zweiminütiger Verspätung legten wir ab. Eine halbe Stunde dauerte es aber, bis wir die Hafenanlagen, an deren Ende die Sessan-Linjen, die Konkurrenz, liegt, hinter uns gelassen hatten. Und beinahe die gleiche Zeit, bis wir die blanken, hellen Schären zu beiden Seiten passiert hatten und der Maschinenraum das Kommando „Volle Fahrt voraus" bekam.

Eine breite Schaumbahn hinter uns herziehend, pflügten wir durch die einen Meter hohen Wellen des Kattegats. Doch was ist das schon, wenn man aus 15 Metern Höhe auf sie hinunterschaut!? Als Dänemark in Sicht kam, wimmelte es plötzlich nur so von Fischkuttern, die – so weit das Auge reichte – über das gesamte Küstengewässer verstreut waren. Höchst instabil sind diese Kutter übrigens, denn sie schlingerten trotz mäßigen Seegangs in einer Art hin und her, daß einem vom bloßen Zusehen schon schlecht wurde. „Was mögen die erst bei Windstärke 5 oder 6 machen?“ dachte ich schaudernd, als einer von ihnen in die Bugwellen unseres Schiffes geriet und dabei Bewegungen ausführte, daß man an eine Kenterung glaubte. Diese Bugwellen türmten sich dann zwei Kilometer vor dem Hafen zu regelrechten Brechern auf. Ein Zeichen dafür, daß das Wasser ziemlich flach wurde. Lange konnte ich sie mir allerdings nicht anschauen, denn ich mußte ja jede Menge Treppen runter in den Bauch des Schiffes, um zum Wagen zu gelangen. Dort unten erbebte das Schiff förmlich, als die gewaltigen Schrauben mit Vollast zurückliefen, um es abzubremsen. Kurze Zeit später wurde der Bug hochgeklappt und die Plattform heruntergelassen. Wir blickten auf dänischen Boden. Mit wolkenlosem Himmel darüber.

An Jütlands Stränden

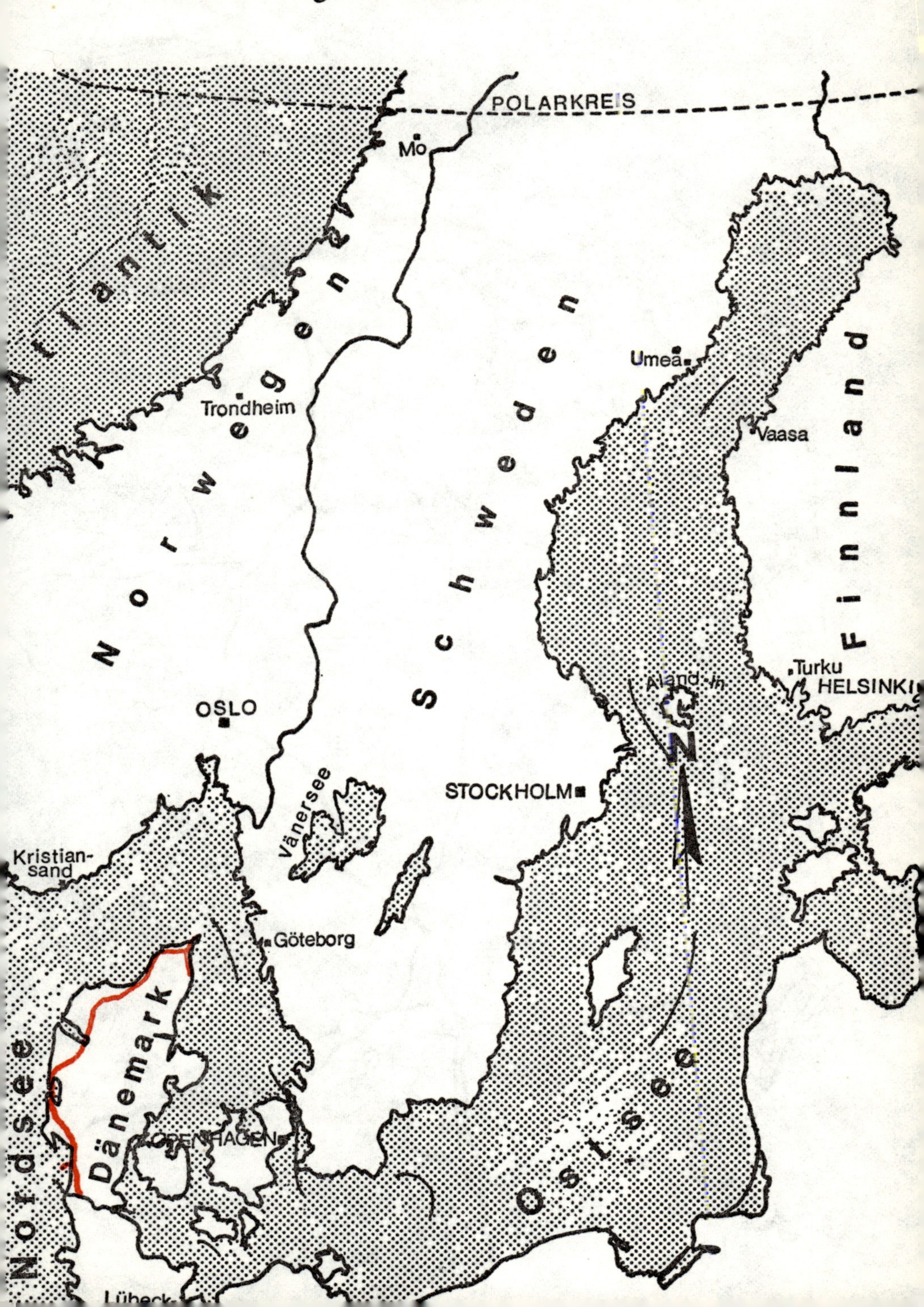

Skagen
Kandesterne
Hulsig
Tversted
Frederikshavn
Hjørring
Løkken
Blokhus
Alborg
MORS
LIMFJORD
Hvidbjerg
Struer
Holstebro
Søndervig
Ringkøbing
Hvide Sande
RINGKØBING FJORD
Esbjerg
FANØ
Odense

Polternd fuhren wir aus dem Schiff heraus und hielten uns halbrechts, da zwei getrennte Spuren für LKW und PKW vorhanden waren. Nach 200 Metern kam dann der Zoll, den wir ohne Kontrolle passierten. Und schon entschwand der im Vergleich zu Göteborg winzige Hafen im Rückspiegel.

Dafür lag vor uns die Kleinstadt Frederikshavn, die – wie wir bei einem Bummel über die Danmarksgade, der Haupteinkaufsstraße mit vielen Souvenirläden und bunten, flatternden Wimpeln, feststellten – fest in deutscher Hand war. Auch auf der mittelmäßig befahrenen Straße nach Skagen begegneten uns mehr Deutsche als Dänen. Das Meer bekommt man hier allerdings nicht zu sehen, dagegen Weiden und Bauernhöfe, die als Windschutz mit Bäumen umgeben sind. Und hinter Hulsig Dünen, die mit Gras, Heidekraut und vereinzelten, einen Meter hohen Kiefern verschönert werden.

In Skagen, der nördlichsten Stadt Dänemarks mit großer Fischereiflotte, war Stimmung wie auf dem Jahrmarkt. Heerscharen von Touristen pilgerten auf dem Sct Laurentii Vej, wo sich Geschäft an Geschäft reiht, und sorgten dafür, daß der Verkehr auf der Straße schön zähflüssig blieb.

Doch diese Stadt war es gar nicht, die uns zu diesem Abstecher verleitet hatte. Wir wollten nach Grenen, der absolut nördlichsten Spitze des Landes. Die entsprechende Ausschilderung führte uns nach vier Kilometern auf einen großen Parkplatz vor einem auf einer Düne gelegenen Restaurant. Als wir das Gespann abgestellt und uns den Schweiß von der Stirn gewischt hatten – es war ca. 28° C! – entdeckte ich plötzlich den „Sandormen“, einen Treckerzug (siehe auch Abb. 30). Schnell schnappte ich mir die Kameras und meine Frau und rannte die hundert Meter zu ihm hin, denn er war fast vollbesetzt und abfahrbereit. Mit einem Satz war ich auf dem Trittbrett und hechtete hinein. Im gleichen Augenblick dachte ich, ein Pferd hätte mich getreten, und zwar gegen den Kopf. Ehe ich überhaupt wußte, was los war, rammte schon wieder etwas mit voller Wucht gegen meine Rübe!

Ich hielt inne, da das ja nicht so weitergehen konnte, zumal es ungeheuer weh tat und schaute mir den verflixten Sandwurm – ohne mich von der Stelle zu rühren – genauer an. Aha! Da hatten wir den Salat. Im Abstand von einem halben Meter verliefen am Dach hölzerne Querrippen, gegen die ich dank meiner stattlichen Größe von 184 Zentimetern voll gedonnert war! Ein Glück wenigstens, daß ich die sagenhafte Geistesgegenwart besessen hatte und nach der zweiten Rippe stehengeblieben war. Denn es waren noch genügend vorhanden! Von 30 Mann bestaunt, nahm ich Platz und tat so, als ob mir das gar nichts ausmachen würde. Es gelang mir sogar, ein gezwungenes Lächeln aufzusetzen, als ich 8 DKr (ca. DM 3,40) gegen zwei Fahrkarten eintauschte. Nur meine Frau mußte natürlich lauthals ausposaunen, was für ein „armes, armes Häschen" ich doch sei, während sie demonstrativ meine Beulen streichelte.
Doch da ratterte der Traktor auch schon los. Nach 200 Metern war der Strand erreicht, nach weiteren 800 Metern die Kapspitze. In gebückter Haltung verließ ich vorsichtig den Hänger und konnte nun die Stelle bestaunen, wo Kattegat und Skagerrak aufeinandertreffen. Da jedoch fast Windstille herrschte, hielten sich die dadurch auftretenden Brecher in bescheidenem Rahmen. Einige Leute badeten sogar. Etwa 10 Minuten später ertönte die Hupe des Traktors, das Zeichen dafür, wieder einzusteigen. Als wir wieder auf dem Parkplatz angekommen waren, ließen wir den Wohnwagen links liegen und stiegen die Stufen zum Grenen Restaurant hoch. Ein Entschluß, den wir nicht bereuen mußten, denn in angenehmer Atmosphäre wurde eine gute Küche geboten.
Bis Hulsig ging's anschließend auf gleicher Straße zurück. Dort folgten wir der Abzweigung nach Kandesterne, wo die Betonstraße unmittelbar in den Strand mündet. Den befuhren wir in südwestlicher Richtung (siehe auch Abb. 31). Eine Attraktion in Dänemark, die man sich nicht entgehen lassen sollte. Der Sand ist so fest, daß man ohne Schwierigkeiten auf ihm herumkurven kann, was ich mit sichtlichem Vergnügen tat, da meiner Frau dies nicht geheuer war. „Paß auf! Da ist ein Priel!" schrie sie sogar ängstlich nach zwei Kilometern. „Na und?" erwiderte ich überlegen und fuhr kaltlächelnd hindurch.

30. Der „Sandormen“ auf dem Weg zur absolut nördlichsten Spitze von Dänemark, wo Kattegat und Skagerrak aufeinandertreffen.

31. Dänemark macht's möglich: im eigenen Auto über den herrlichen Sandstrand von Nordjütland.

Als sie merkte, daß auch andere Autos unterwegs waren, beruhigte sie sich wieder etwas. Auf jeden Fall ein herrliches Gefühl, die Dünen links, das Meer rechts auf einem 200 Meter breiten, fast verlassenen weißen Strand zu kutschieren!

Nach gut 15 Kilometern verließen wir an der zweiten Ausfahrt (nicht ausgeschildert) nach Tverstedt den Strand wieder und steuerten Hjørring an, das wir auf einer teilweise hügeligen und kurvigen Straße erreichten. Ungefähr ein bis zwei Kilometer vor dem Touristenort Løkken bogen wir rechts auf einem kleinen Sträßchen nach Furreby ab. Dort lag FDM-Camping-Løkken.

Auf dem fast leeren Wiesengelände direkt an den Dünen waren jede Menge Lattenzäune als Windschutz angebracht, die an unserem Ankunftstag allerdings unnötig waren, da ein wolkenloser Himmel nur für mäßigen Luftzug sorgte. Der Strand, zu dem vom Campingplatz eine steile Holztreppe führt, liegt 20 Meter tiefer. Die hinunter stolperten wir – vorbei an den Steilhängen – und liefen zum Wasser. Die Brandung war zwar etwas dürftig, aber Spaß machte es trotzdem, nach langer Zeit mal wieder darin herumzutoben.

Spaß machte es auch, anschließend im Waschraum folgenden köstlichen, gleich in vier Sprachen vervielfältigten Hinweis zu lesen, der in mehrfacher Ausfertigung unübersehbar an der Wand prangte: „Elektrisches Rasieren am Steckeranschluß findet auf eigener Verantwortung statt. Ist die Rasiermaschine in Unordnung, können die Folgen katastrophal sein!“ Ob man da vor Angst bibbern sollte?

Am dritten Tag unseres Aufenthaltes bibberten wir tatsächlich, nämlich vor Kälte. Die Sonne hatte sich verkrochen und düstere Regenwolken waren von einer steifen Brise herbeigepustet worden. Wir zahlten 32 DKr (ca. DM 13,60) für zwei Übernachtungen mit Strom und nahmen reißaus.

Ein Kilometer hinter Løkken, in dem so viele Deutsche sind, daß man gute Chancen hat, Verwandte zu treffen, fuhren wir auf den Strand. Zu verfehlen ist er nicht, denn der Wegweiser „Stranden“ steht recht oft am Straßenrand. Schon nach ein paar hundert Metern hieß es, eine kleine Holzbrücke über einen Bach, der sich durch den Sand zum Meer hin windet, zu überqueren. Danach hatten wir Bewegungsfreiheit wie

auf einer 30spurigen, noch nicht eröffneten Autobahn. Wunderbar! Nur die Regenwolken störten. Als zwei Fischkutter hart an der parallel verlaufenden Sandbank in 60 Metern Entfernung ein Netz über den Grund schleppten, hielt ich dennoch an, um dies auch fotografisch festzuhalten. An der dritten Ausfahrt nach Blokhus (kleines Hinweisschild ziemlich links) verließen wir dann die Jammerbucht.
Kaum waren wir auf die Hauptstraße Richtung Ålborg abgezweigt, begann es zu plästern. Als wir nach einer Stunde Fahrt zum ersten Mal den Limfjord sahen, machte der alles andere als einen friedlichen Eindruck. Die Wasseroberfläche war durch den zu einem kleinen Stürmchen angewachsenen Wind aufgewühlt und schaumkronenbedeckt, so daß meine Frau vorsichtig anfragte, ob wir mit „Donald" bei solchen Wellen hinausfahren. „Aber selbstverständlich!" antwortete ich im Brustton der Überzeugung und schaltete die Scheibenwischer in die zweite Stufe. Ungläubig schaute sie mich an und brachte nur ein klägliches „Ha, ha" heraus. Als wir dann links nach Hvidbjerg abgebogen waren, wurden die Regenfälle schwächer. Hinter diesem Ort Richtung Tambohuse hörten sie beinahe ganz auf.
Tambosund-Camping lag links 200 Meter von der Straße neben einem ehemaligen Bauernhof direkt am Fjord. Der Name war allerdings nirgendwo zu entdecken. Auf dem nicht übermäßig großen Wiesengelände standen vornehmlich Deutsche, die mit Kind und Kegel angerückt waren und so Familienatmosphäre verbreiteten. Die 6–8 Boote lagen, schön mit Planen versehen, an einem wackligen Steg und warteten auf besseres Wetter. Mit Erfolg. Denn am nächsten Tag schien bei Windstärke 3–4 die Sonne wieder.
Ich fuhr den Wagen daher rückwärts bis zu dem schmalen Sandstrand, um „Donald" aufzubauen. Nach exakt 20 Minuten war es geschafft. Wir schoben ihn über den mit Steinen, Muscheln und Krustentieren angereicherten Grund in tiefere Gewässer und der Umrundung der Insel Jegindö stand nichts mehr im Wege. So glaubten wir wenigstens.
Schon nach einer Minute Fahrt in nördlicher Richtung wehte eine frische Brise, die Wellen aufwarf. An Schlimmeres gewöhnt gaben wir nichts darauf und zerteilten sie in fotogenes Spritzwasser. Als wir bei Bastholm nach Osten abdrehten, versperrten Hunderte von Holz-

Netze am Limfjord

pfählen, zwischen denen Netze, aber auch Reusen, angebracht sind, den Weg. Wir wichen Richtung Gammellund aus, von wo ebenfalls Holzpfähle ins Meer hinauslaufen. Die See wurde ruppiger. Erst recht aber, als wir die Ostseite von Jegindö erreicht hatten. Nun kamen die kurzen, steilen Wellen ziemlich von vorne und nur mit krampfhaftem Festhalten und ohne Rücksicht auf die Bandscheiben war Gleitfahrt noch möglich. Auch hier wimmelte es nur so von Pfählen und Bojen mit Wimpeln, daß man hin und wieder nicht wußte, wie man am besten an ihnen vorbei kam. Als ein winziger Hafen in Sicht war (Seekarte: Hfn), lotste ich „Donald" hinein, um ihm eine kurze Verschnaufpause zu gönnen. An den Kais lagen Fischkutter, aber auch zwei respektable Segeljachten. Nachdem ich die Stille des Wassers genossen und einige Fotos geschossen hatte, entschwand ich wieder in rauhere Gefilde. Vorbei an der hügeligen Küste, die an einigen Stellen zu einer senkrechten Wand abgebröckelt war, erreichten wir durchgeschüttelt die flach auslaufende Südspitze der Insel (Seekarte: Jegind Tap), von der sich eine knapp einen Kilometer lange Untiefe ins Meer zieht. An den Brechern, die dort stehen, ist sie aber gut auszumachen.
Hinter diesem 2–3 Meter schmalen Riff wurde es sofort noch eine Portion ungemütlicher. Seitlich zu den Wellen – gegenan war beim besten Willen nicht mehr drin – kreuzte ich daher zur ziemlich windgeschützten Ostseite von Thyholm, die mir so gut gefiel, daß ich gleich den schmalen Sandstrand ansteuerte (siehe auch Abb. 32). Dahinter boten Sträucher und Bäume soviel Windschutz, daß sich kein Lüftchen regte. Sofort empfanden wir die Sonne, die wir überhaupt nicht wahrgenommen hatten, als brennend. Doch baden wollten wir auch nicht. Das Wasser hatte zwar die richtige Temperatur, aber auch etliche handtellergroße Quallen, die man ja nicht so gerne im Gesicht fühlt. Wir legten wieder ab.
Und staunten wenig später vor der Brücke, unter der wir durchfahren wollten, Bauklötze. Denn das war gar keine Brücke, sondern ein aufgeschütteter Erdwall! Ich stellte den Motor ab, weil ich es nicht fassen konnte und schaute ratlos umher. Nach fünf Minuten kam ich zu dem Schluß, daß „Donald" kein Maulwurf ist und er infolgedessen den gleichen Weg wieder zurück mußte! Dabei war der Campingplatz

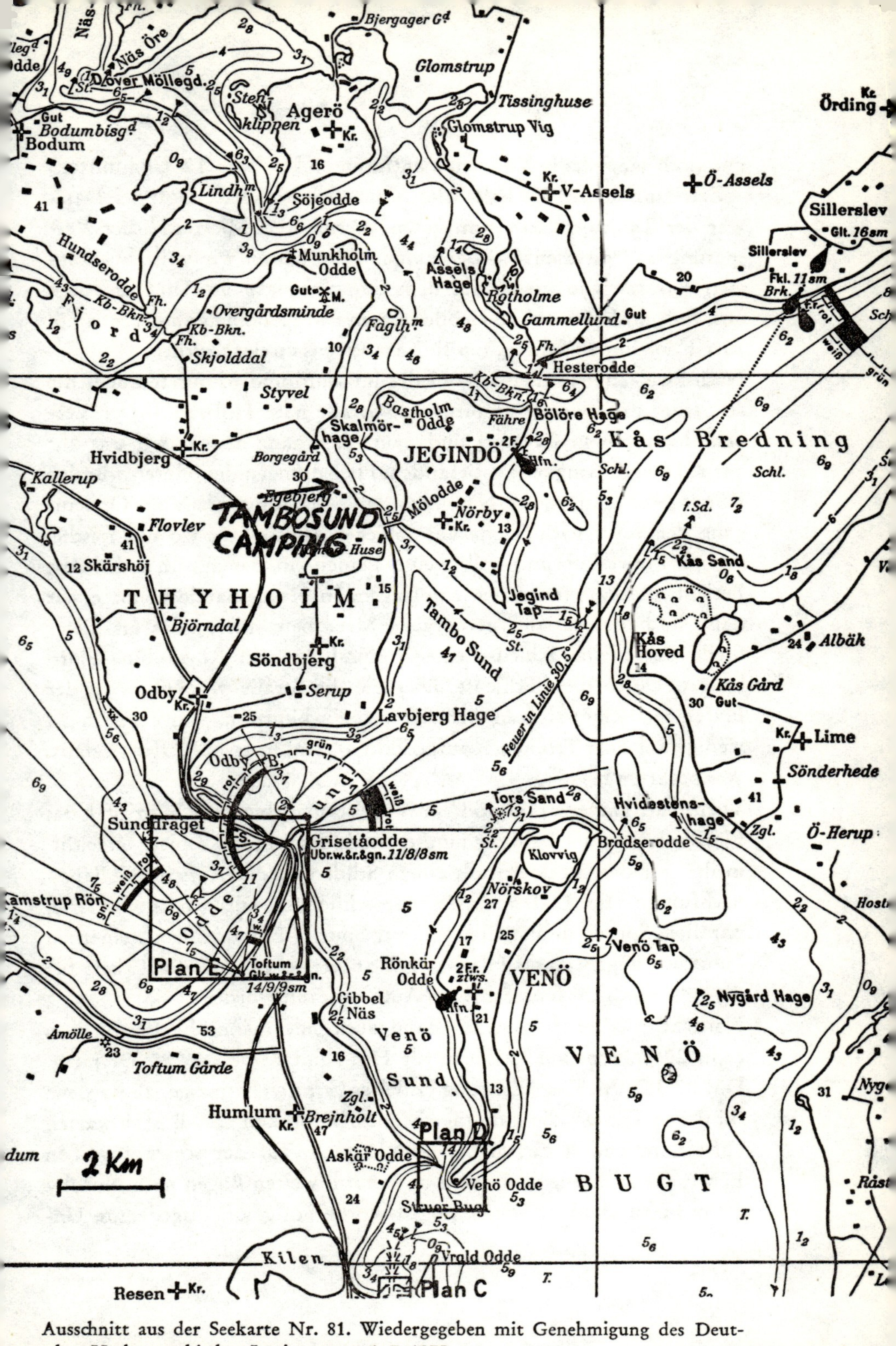

Ausschnitt aus der Seekarte Nr. 81. Wiedergegeben mit Genehmigung des Deutschen Hydrographischen Instituts vom 1. 7. 1975.

nur noch eineinhalb Kilometer entfernt und es war 12 Uhr mittags – Zeit zum Essen! Es half alles nichts. Ich wendete. Gott sei Dank war der Tank erst zu einem guten Viertel leer. Mit reichlicher Verspätung und pitschenaß – denn eine Welle hatten wir voll abbekommen – trafen wir wieder auf dem Campingplatz ein. Und schworen uns, falls nochmals solche Gebilde kaum zwei Kilometer entfernt sind, zuerst dorthin zu fahren, um sie genauestens zu untersuchen.

Nach zwei Tagen saßen wir wieder im Auto und schnurrten über die ab Struer dreispurige, schnurgerade Straße nach Holstebro. Der Verkehr hielt sich in Grenzen und flaute fast ganz ab, als wir uns auf der A 16 nach Ringkøbing befanden. Hier drangen des öfteren würzige Düngegerüche in unsere Nasen, so daß wir froh waren, am Ortseingang der Stadt nach Søndervig abbiegen zu können, wo uns frische, salzige Meeresluft und gelb-weiße Dünen, in denen sich zahlreiche Ferienhäuschen versteckten, empfingen. In Hvide Sande konnten wir dann auch das bislang verborgene Meer bewundern, das an dieser Stelle durch eine Schleuse eine Verbindung zum Ringkøbing-Fjord besitzt. Durch diese Schleuse, über die die Straße verläuft, wird der Hafen mit seiner stolzen Armada von Fischkuttern, von denen nicht wenige auf dem Trockenen aufgedockt waren, in zwei Hälften geteilt. Wir beehrten beide.

Vorbei an Dänemarks größtem Vogelschutzgebiet am Südzipfel des Fjordes hatten wir bald die jüngste Stadt des Landes, Esbjerg, erreicht, in der wir den Schildern mit einem Schiff und der Aufschrift „Fanø" nachfuhren. Im Hafen trafen wir schließlich auf vier numerierte, parallele Spuren und stellten uns auf Spur 1. Ein an einem steinernen Häuschen angebrachter Hinweis gab zu verstehen, daß die Tickets für die halbstündliche Überfahrt am Auto verkauft würden.

Nach zehn Minuten erschien dann auch eine männliche Person von rund 20 Jahren und kassierte für Hin- und Rückfahrt 83 DKr (ca. DM 37,35). Als Gegenleistung erhielten wir zwei winzige, abgerissene Blättchen Papier, die eine täuschende Ähnlichkeit mit Busfahrkarten aufwiesen, und natürlich die Berechtigung, auf der schwarz-weißen Fähre, die auch wie eine solche aussah, im weiten Bogen nach Nordby gebracht zu werden. Dieser Bogen wurde nötig, da ausgedehnte Un-

tiefen den direkten Kurs verhinderten. So dauerte die Überfahrt immerhin gut 15 Minuten.
Dann holperten wir am anderen Ende der Fähre hinaus auf das 17 Kilometer lange Eiland, das schon zu Urgroßmutters Zeiten Badelustige von weither angelockt hatte. Dementsprechend gibt es eine nicht unbeträchtliche Anzahl von Campingplätzen. Mit Feldberg Ny Camping erwischten wir zwar nicht den besten, aber auch nicht den schlechtesten. Vor allem die sanitären Anlagen gehörten zu den erfreulichsten, die ich gesehen habe.
Da keine direkte Verbindung zum Strand besteht, schwangen wir uns ins Auto und fuhren dorthin. Wohin man auch blickte: feiner, festgefahrener Sand, der so eben ist, daß man an einen riesigen Flugplatz erinnert wird. Wenn nicht die PS gefehlt und 40-km/h-Schilder auf ein Tempolimit hingewiesen hätten und wenn es nicht so viele Umstände machen würde, die Leute vorher vom Strand zu scheuchen, ich wäre mit 200 Sachen darübergerauscht, zumal keinerlei Priele störten. Diese Verkehrsschilder stehen übrigens mitten auf der Piste, so daß man – falls einen wohlgerundete Formen allzu lange ablenken sollten – unversehens gegen sie knallen kann.
Am Südende von Fanø entdeckten wir dann einen auf dem Strand abgesteckten Start- und Landeplatz für eine einmotorige, weiß-gelbe Cessna. Nichts wie hin! Acht verschieden lange Rundflüge über die Insel wurden u. a. angeboten. Die Preisskala bei drei Personen reichte von 15 DKr (ca. DM 6,75) bis 38 DKr (ca. DM 17,10) pro Nase. Unbescheiden, wie wir waren, kratzten wir die Reste in unseren geschröpften Portemonnaies zusammen und überreichten – nach 15minütiger Wartezeit – dem Piloten 114 DKr (ca. DM 51,30) für Tour 8 bis zur Nordspitze der Insel.
Dann kletterten wir in die Kanzel, wobei meine Frau neben dem Piloten Platz nahm und ich mit einem anderen, den ich eingeladen hatte, da ja sowieso für drei bezahlt werden mußte, dahinter. Nachdem die Bauchgurte angelegt waren, rollte die Cessna zum Startpunkt. Als der Pilot Gas gab, fragte ich meine Frau, ob sie Angst habe. Ich erhielt keine Antwort. Schon nach 150 Metern hoben wir ab, was ich nur daran erkannte, daß geradeaus über den Bordinstrumenten die Wol-

ken mich anlachten und ich Mühe hatte, mich nach vorne zu beugen. Leicht schaukelnd gewannen wir an Höhe. Als ich rechts runterschaute, dachte ich, wir stünden in der Luft, so gering kam mir die Geschwindigkeit vor. Das Wasser, in dem die Sandbänke nun unheimlich hervorstachen, glitzerte. Die Ferienhäuschen in den Dünen sahen aus wie in einen Sandkasten gesetzt, in dem mit einem dünnen Stock schmale Straßen eingeritzt waren. Der Strand erschien menschenleer, obwohl uns das unten absolut nicht so vorgekommen war (siehe auch Abb. 33). Über Nordby erspähte ich die Fähre, die im engen, dunklen Fahrwasser – nur unwesentlich von den hellen Untiefen entfernt – Richtung Festland kroch. Sogar unseren Wohnwagen machte ich aus! Meine Kameras klickten unaufhörlich, auch als uns bei der Landeschleife der eigene Schatten im weißen Sand des Strandes folgte. Die anschließende Landung verlief so sanft, daß man es kaum merkte. Nach 200 Metern rollten wir rechts zum Wohnwagen des Piloten, wo die nächsten bereits warteten, und stiegen aus. Es hatte sich wirklich gelohnt.

Drei Minuten später trafen wir in Sønderho ein, einem idyllischen kleinen Ort mit verschachtelten alten Riethäusern (siehe auch Abb. 34), deren windschiefe Mauern in einem blassen Gelb oder Rot leuchteten, und warfen einen ausgiebigen Blick von der Ostseite des Dorfes auf das trockengefallene Wattenmeer, in dem bunte Holzboote den geriffelten Untergrund zierten. Ein Fotograf hatte sogar eine alte Plattenkamera aufgebaut, um diesen Eindruck, der durch weiße Haufenwolken am Himmel noch garniert wurde, für die Menschheit festzuhalten. Nachdem auch ich das getan hatte – allerdings ohne Stativ –, fuhren wir auf der Straße, die durch Dünen, aber auch durch Heidelandschaft und ein Wäldchen läuft, zurück zum Campingplatz.

Am nächsten Tag waren wir wieder in Deutschland.

32. Am geschützten Strand von Thyholm spürt man den Wind kaum, der fast immer am Limfjord weht.

33. Ein Rundflug über Fanø in einer kleinen Sportmaschine hinterläßt nachhaltige Eindrücke.

34. Nach schönen, alten Häusern braucht man auf Fanø nicht lange zu suchen. In Sonderhø am Südzipfel der Insel steht dieses.

Tips und Informationen

Sie besitzen nun bereits jede Menge Spezialwissen über Skandinavien. Doch bevor der eigene Urlaub gestartet werden kann, sollten Sie auch diese alphabetisch geordneten Hinweise beachten.

Angeln

Skandinavien bietet beste Voraussetzungen für dieses Freizeitvergnügen. Angeln im Meer (dazu zählen auch die Fjorde) ist praktisch überall ohne Genehmigung erlaubt. Bei den Binnengewässern muß man dagegen lokale Erlaubnisscheine erwerben. Wo man diese im Einzelfall bekommt, erfährt man am besten bei den Touristinformationen. In Norwegen muß zusätzlich noch eine sogenannte „Fisketrygdkort", eine Fischereikarte, erworben werden. Sie erhält man gegen eine Gebühr von 20 NKr (ca. DM 10,–) auf allen Postämtern. Das Ausfüllen ist aber nicht ganz einfach, da Hinweise in deutscher Sprache fehlen.

Boot

Wer keinen Sportbootführerschein besitzt, darf sich freuen. Denn dieses Dokument – für viele europäische Küstengewässer inzwischen vorgeschrieben – ist nicht erforderlich. Das gleiche gilt für das Flaggenzertifikat. Paradiesische Zustände eben!

Campingplätze

In reicher Anzahl vorhanden, obwohl (außer Dänemark) auch „wildes Campen" grundsätzlich erlaubt ist. Die Ausstattung ist fast immer zufriedenstellend. Vielfach muß jedoch direkt bei Ankunft im voraus bezahlt werden. Vergünstigungen durch den Campingausweis (CCI) sind nicht üblich. Angenehm dagegen ist die Tatsache, daß überfüllte Plätze relativ selten sind. Norwegische Campingplätze verfügen meist auch über Holzhütten, die je nach Größe und Ausstattung zwischen DM 15 und DM 50 pro Übernachtung kosten.

Fähren

Jeder, der nach Skandinavien reist, macht mehr oder weniger Bekanntschaft mit ihnen. Alle sind so konstruiert, daß Bug und Heck hochgeklappt werden können. Mühsames Wenden oder Rückwärtsfahren entfällt also. Es wird immer wieder empfohlen, frühzeitig die Passagen zu buchen. Ein Rat, den ich Ihnen nur für die allererste Fähre, die Sie benutzen, geben kann, da dieser Termin ja sowieso feststeht. Alle übrigen Fähren sollte man an Ort und Stelle buchen, da man so weitaus unabhängiger ist. Ein Vorteil, der eigentlich keinen Haken hat, denn Fähren, die durch Vorbestellungen voll belegt sind, gibt es kaum. Sollte dies dennoch einmal vorkommen, wartet man eben ein paar Stunden. Dies ist immer noch besser, als unter Termindruck zu stehen.

Fremdenverkehrsämter

Sie verschicken kostenlos auf Anforderung Informationsmaterial. Ein Service, den man in Anspruch nehmen sollte, denn nützliche Sachen sind fast immer darunter.

Hier die Anschriften:

Dänisch. Fremdenverkehrsamt, 2 Hamburg 1, Glockengießerwall 2–4
Norweg. Fremdenverkehrsamt, 2 Hamburg 1, Gertrudenkirchhof 8–10
Schwed. Fremdenverkehrsamt, 2 Hamburg 36, Alsterufer 15
Finn. Fremdenverkehrsamt, 2 Hamburg 13, Tesdorpfstraße 11

Geschäfte

Einheitliche Öffnungszeiten gibt es nicht. Fast alle Läden schließen jedoch eher als bei uns. In Norwegen ist dies z. B. oft schon um 16 Uhr der Fall.

Grenzformalitäten

Nötig sind Reisepaß oder Personalausweis. Für Kinder unter 16 Jahren der Kinderausweis oder der Eintrag im Familienpaß. Eine grüne Versicherungskarte für das Auto oder den Wohnwagen ist nicht erforderlich. Zollkontrollen werden kaum durchgeführt. Falls dies doch einmal geschehen sollte, dann gelten sie vor allem Zigaretten und Spirituosen, weil beide Waren in Skandinavien erheblich teurer sind als bei uns.

Hund (Katze)
Norwegen, Schweden, Finnland verlangen monatelange Quarantäne, so daß im Grunde ein Verbot vorliegt. Für eine Einreise nach Dänemark dagegen muß an der Grenze der Nachweis einer Tollwutimpfung erbracht werden, die zwischen 4 Wochen und 1 Jahr zurückliegt. Weiterhin muß der Tierhalter dort ein Zertifikat vorweisen, das er vorher beim Veterinärdirektorat, Nyropsgade 37, DK 1602 Kopenhagen V, unter Beilage eines internationalen Antwortscheins (erhältlich in jedem Postamt) beantragt hat. Diese Stelle in Kopenhagen schickt allerdings nicht sofort das eigentliche Zertifikat, sondern erst einmal ein Formular, das von einem deutschen Tierarzt ausgefüllt und unterschrieben werden muß. Das solchermaßen verzierte Stück Papier bekommt dann wieder – mit Antwortschein – das Amt in Kopenhagen, welches erst daraufhin das begehrte Zertifikat herausrückt.

Mitternachtssonne
Durch die Schrägstellung der Erdachse ergibt sich folgendes Phänomen: je weiter man nach Norden kommt, desto länger scheint während einer bestimmten Zeit die Sonne (wolkenloser Himmel natürlich vorausgesetzt). Am 24. Juni sind es z. B. in Oslo 18 1/2 Stunden, in Trondheim sogar 20 1/2 Stunden. Nördlich des Polarkreises geht die Sonne überhaupt nicht mehr unter, d. h. sie scheint selbst um Mitternacht. Für Hammerfest gilt dies z. B. vom 17. Mai bis 28. Juli. Im Winter ist es genau umgekehrt. Dann ist z. B. in Hammerfest vom 21. November bis 23. Januar völlige Dunkelheit.

Mücken
Wer meint, im Norden von Skandinavien könne man vor lauter Mükken die Sonne nicht mehr sehen oder müsse ständig mit einem Moskitonetz über dem Kopf herumlaufen, ist Opfer eines weitverbreiteten Irrtums geworden. Sicherlich sind diese Plagegeister an einigen Stellen vorhanden, aber doch nicht in dem von vielen Leuten angenommenen Ausmaße. Wer will, kann sich aber auch zur Beruhigung Vitamin-B-Präparate einverleiben, denn die verringern die Stechlust der Mücken meist drastisch.

Preise

Es war schon immer etwas teurer, einen besonderen Geschmack zu haben. Dieser geflügelte Satz trifft zweifellos auch auf Skandinavien zu. Denn billig wie z. B. in Österreich ist es im Norden leider nicht. Aber auch nicht unerschwinglich teuer, so daß sich „Otto Normalverbraucher" durchaus einen solchen Urlaub leisten kann.

Seekarten

Sie gehören unbedingt in das Reisegepäck von Bootsbesitzern, da sie zu einem akzeptablen Preis (meist ca. DM 10–15 pro Stück) eine Menge Sicherheit bieten. Zu beziehen sind sie u. a. von:
Bade & Hornig, 2 Hamburg 11, Stubbenhuk 10
Eckardt & Messtorff, 2 Hamburg 11, Rödingsmarkt 16
Beide Firmen geben auch entsprechende Kataloge heraus.

Sprache

Die Verständigung klappt im allgemeinen recht gut, denn viele Skandinavier verstehen und sprechen etwas Deutsch. Ist dies nicht der Fall, hilft oft Englisch weiter. Geschriebene Worte lassen sich nicht selten auch erraten, da sie im Deutschen ähnlich lauten. So heißt z. B. auf schwedisch, norwegisch und dänisch Fisch – fisk. Die finnische Sprache bildet allerdings eine Ausnahme, da sie osteuropäischen Ursprungs ist.

Straßen

Abgesehen von Dänemark und Südschweden entsprechen die Straßen vielfach nicht unserem Niveau. So sind die meisten Nebenstraßen nicht asphaltiert, was jedoch keine besonderen Schwierigkeiten mit sich bringt, da die Fahrbahndecke üblicherweise ziemlich fest und eben ist. Hin und wieder ist man sogar besser auf ihnen aufgehoben, da nicht wenige Asphaltstraßen Bodenwellen aufweisen, die speziell für Wohnwagengespanne nicht gerade angenehm sind. Norwegen wartet zudem mit reichlich schmalen Straßen auf, so daß des öfteren auch Ausweichstellen in Anspruch genommen werden müssen.
Diese aufgeführten Unterschiede zu unserem Straßennetz sollten einen jedoch nicht von einer Reise abhalten, da die dadurch auftretenden Beeinträchtigungen alles in allem gering sind.

Tankstellen

Außer in Dänemark ist das Tankstellennetz bei weitem nicht so dicht wie in Deutschland. Deshalb sollte man auf jeden Fall einen gefüllten Reservekanister im Kofferraum haben, aber auch rechtzeitig tanken. Die Benzinpreise schwanken naturgemäß. Auch hängen sie davon ab, ob man Selbstbedienung macht oder nicht. Betrachten Sie deshalb die angegebenen Preise nur als Richtwerte.

Benzin (Diesel):

Dänemark:	ca. 94 Pf (ca. 40 Pf)
Norwegen:	ca. 100 Pf (ca. 40 Pf)
Schweden:	ca. 86 Pf (ca. 30 Pf)
Finnland:	ca. 83 Pf (ca. 53 Pf)

Verkehrsvorschriften

Gravierende Unterschiede zu unseren gibt es – abgesehen von den Geschwindigkeitsbeschränkungen – nicht. Folgende Geschwindigkeiten sind außerhalb geschlossener Ortschaften erlaubt:

Dänemark:	90 km/h
Norwegen:	80 km/h, auf einigen Straßen 90 km/h
Schweden:	70 km/h, auf einigen Straßen 90–110 km/h
Finnland:	80 km/h

Für Autobahnen gelten 110–120 km/h. Für Wohnwagen 70 km/h, in Finnland 80 km/h. Diese offiziellen Limits werden jedoch in der Praxis meist um 10–20 km/h überschritten. Radarkontrollen oder überhaupt Polizeikontrollen sind äußerst selten.

Wohnwagen

Besondere Bestimmungen gelten nur für Norwegen. Sollte Ihr Wohnwagen nicht breiter als 2,20 m und zusammen mit dem Zugfahrzeug nicht länger als 12 m sein, so gibt es keine Probleme. Andernfalls – bei einer Breite über 2,20 m bis 2,34 m oder einer Länge von über 12 m – müßten Sie einen Antrag auf Ausnahmegenehmigung bei folgender Adresse stellen: Statens Vegwesen, Vegdirektoratet, Schwensens Gt. 3, Oslo. Ist Ihr Wohnwagen breiter als 2,34 m, müssen Sie auf Norwegen verzichten, denn eine Einreise mit solch einem „Monstrum" ist nicht möglich.

Checkliste

Papiere

- ☐ Auslandsschutzbrief
- ☐ Anhängerschein
- ☐ Campingausweis
- ☐ Fährtickets
- ☐ (Flaggenzertifikat)
- ☐ (Grüne Versicherungskarte)
- ☐ Kinderausweis
- ☐ KFZ-Schein
- ☐ Krankenschein
- ☐ Reisepaß
- ☐ Schecks
- ☐ (Sportbootführerschein)

Auto

- ☐ Abschleppseil
- ☐ Ersatzbirnen
- ☐ Feuerlöscher
- ☐ Keilriemen
- ☐ Kontaktspray
- ☐ Luftpumpe
- ☐ Sicherungen
- ☐ Reservekanister
- ☐ Pannenleuchte
- ☐ Plastikwindschutzscheibe
- ☐ Verbandskasten
- ☐ Warndreieck
- ☐ Werkzeug

Wohnwagen

- ☐ Batterie
- ☐ Besen
- ☐ Bettzeug
- ☐ Druckregler
- ☐ Einstiegstufe
- ☐ Ersatzbirnen
- ☐ Feuerlöscher
- ☐ Gasflaschen
- ☐ Gestänge (Vorzelt)
- ☐ Glühstrümpfe
- ☐ Handkurbel
- ☐ Kabelrolle
- ☐ Kühlbox
- ☐ Plastikeimer (Schüssel)
- ☐ Reserverad
- ☐ Stühle (Liegen)
- ☐ Unterlegbretter
- ☐ Unterlegkeile
- ☐ Vorzelt
- ☐ Wasserkanister
- ☐ Werkzeug
- ☐ Wasserwaage
- ☐ Zusatzbett

Boot

- ☐ Anker
- ☐ Benzinkanister
- ☐ Blasebalg
- ☐ Bootshaken
- ☐ Fernsteuerung
- ☐ Feuerlöscher
- ☐ Flaggenstock
- ☐ Kerzenschlüssel
- ☐ Kompaß
- ☐ Lenzpumpe
- ☐ Manometer
- ☐ Motor
- ☐ Notsignale
- ☐ Persenning
- ☐ Quickstop
- ☐ Reparaturset
- ☐ Ruder/Paddel
- ☐ Schäkel
- ☐ Schaltung
- ☐ Scherstifte
- ☐ Sitzkissen
- ☐ Tauwerk
- ☐ Trillerpfeife
- ☐ Wasserski/Leine
- ☐ Werkzeug
- ☐ Zündkerzen

Verpflegung

- ☐ Brot
- ☐ Butter
- ☐ Dosenmilch
- ☐ Essig/Öl
- ☐ Fertigsuppen
- ☐ Kaffee
- ☐ Kartoffelpüree
- ☐ Käse
- ☐ Knäckebrot
- ☐ Kekse
- ☐ Konserven
- ☐ Küchengewürze
- ☐ Marmelade
- ☐ Mehl
- ☐ Nudeln
- ☐ Reis
- ☐ Salz
- ☐ Schokolade
- ☐ Soßenpulver
- ☐ Tee
- ☐ Zucker

Geschirr

- ☐ Besteck
- ☐ Bratpfanne
- ☐ Bratenwender
- ☐ Brotmesser
- ☐ Butterdose
- ☐ Dosenöffner
- ☐ Eierdose
- ☐ Eierbecher/Löffel
- ☐ Eßgeschirr
- ☐ Filter/Papier
- ☐ Geschirrtücher
- ☐ Gläser
- ☐ Holzbrettchen
- ☐ Kartoffelmesser
- ☐ Korkenzieher
- ☐ Küchenzange

Toilettenartikel

- ☐ Badelaken
- ☐ Bürste/Kamm/Spiegel
- ☐ Deodorant
- ☐ Fön
- ☐ Handtücher
- ☐ Hautcreme
- ☐ Nagelpflegemittel
- ☐ Rasierwasser
- ☐ Reinigungsmilch
- ☐ Seife
- ☐ Shampoo

- ☐ Sonnenschutzmittel
- ☐ Toilettenpapier
- ☐ Waschlappen
- ☐ Watte
- ☐ Zahnbürste/Pasta

Kleidung
- ☐ Badeanzug
- ☐ Badehose
- ☐ Bikini
- ☐ Blusen
- ☐ Hemden
- ☐ Hose lang/kurz
- ☐ Jackett
- ☐ Kleider
- ☐ Ölzeug
- ☐ Pullover
- ☐ Rock
- ☐ Schlafzeug
- ☐ Schuhe
- ☐ Socken/Strümpfe
- ☐ Sonnenhut
- ☐ Stiefel
- ☐ Strickjacke
- ☐ Taschentücher
- ☐ Trainingsanzug
- ☐ Unterwäsche

Kindersachen
- ☐ Babygarnitur
- ☐ Badetuch
- ☐ Badewanne/Schüssel
- ☐ Fertigkost
- ☐ Fieberthermometer
- ☐ Gummihose
- ☐ Handtücher
- ☐ Lätzchen
- ☐ Mützchen/Sonnenhut
- ☐ Pflegemittel
- ☐ Schuhe
- ☐ Strampelhosen
- ☐ Tragetasche
- ☐ Unterwäsche
- ☐ Waschlappen
- ☐ Windeln
- ☐ Zäpfchen

Angeln
- ☐ Angelhaken
- ☐ Angelrute
- ☐ Bindfaden
- ☐ Feile
- ☐ Gaff
- ☐ Kescher
- ☐ Köder
- ☐ Lote
- ☐ Rachensperrer
- ☐ Schraubenzieher
- ☐ Schnüre
- ☐ Seesack
- ☐ Taschenmesser
- ☐ Vaselinöl
- ☐ Vorfach
- ☐ Verschiedene Senk-/Grundbleie
- ☐ Weidenkorb

Fotografieren
- ☐ Belichtungsmesser
- ☐ Blitzlicht
- ☐ Filme
- ☐ Filter
- ☐ Fotoapparat
- ☐ Fototasche
- ☐ Stativ
- ☐ Wechselobjektive

Sonstiges
- ☐ Adressen
- ☐ Ball
- ☐ Bargeld
- ☐ Beil
- ☐ Briefpapier
- ☐ Einkaufstasche
- ☐ Ersatzbrille
- ☐ Fernglas
- ☐ Flossen/Schnorchel
- ☐ Grill
- ☐ Holzkohle
- ☐ Kartenspiele
- ☐ Kerzen
- ☐ Kleiderbügel/Bürste
- ☐ Landkarten/Atlas
- ☐ Lektüre
- ☐ Nähzeug
- ☐ Pinzette
- ☐ Radio
- ☐ Reisebügeleisen
- ☐ Reisewecker
- ☐ Schirm
- ☐ Schreibzeug
- ☐ Schuhputzzeug
- ☐ Sonnenbrille
- ☐ Spaten
- ☐ Spülzeug
- ☐ Streichhölzer
- ☐ Taschenlampe
- ☐ Tesa
- ☐ Uhu
- ☐ Vitamin-B-Präparate
- ☐ Waschmittel
- ☐ Wäscheklammern
- ☐ Wörterbuch

Skandinavien - für wen?

Diejenigen, die bislang ihre Ferien am Mittelmeer in der Art verbrachten, daß sie sich 4 Wochen lang von morgens bis abends in der prallen Sonne braten ließen, um zu Hause stolz jedem die so erworbene Superbräune zeigen zu können, werden in Skandinavien sicherlich nicht glücklich werden. Es sei denn, sie wären ihr monotones „Ölsardinendasein" irgendwann leid.

Zwar scheint auch in höheren Breitengraden die Sonne – nicht selten sogar ziemlich kräftig, so daß auch der Badeurlaub nicht zu kurz kommt –, aber insgesamt müssen eben doch genügsamere Ansprüche in dieser Richtung gestellt werden.

Urlaub im Norden bedeutet deshalb nicht zuletzt auch „Sehen" und „Erleben". Dafür sollte allerdings eine gewisse Bereitschaft vorhanden sein.

Ansonsten braucht man keine speziellen Eigenschaften. Zwar wird hin und wieder behauptet, Skandinavienreisende seien in sich gekehrte, verschlossene Einsiedlertypen, die förmlich nach Einsamkeit lechzen, aber dies ist – mit Verlaub gesagt – rechtschaffener Unsinn. Denn erstens ist es dort gar nicht so furchtbar einsam und zweitens dürfte es jeder als angenehm empfinden, wenigstens einmal dem Massentourismus entfliehen zu können.

Sollten Sie also zu denen gehören, die nicht nur ausgetretene Pfade benutzen, sondern auch für Abwechslungen aufgeschlossen sind, ohne deshalb gleich ein Abenteurer zu sein, und sollte nicht gerade gähnende Leere in Ihrem Portemonnaie als Dauerzustand herrschen, so dürfte Ihr nächstes Urlaubsziel eigentlich klar sein: Skandinavien!